法服姿の三淵嘉子
昭和33（1958）年、東京地方裁判所にて

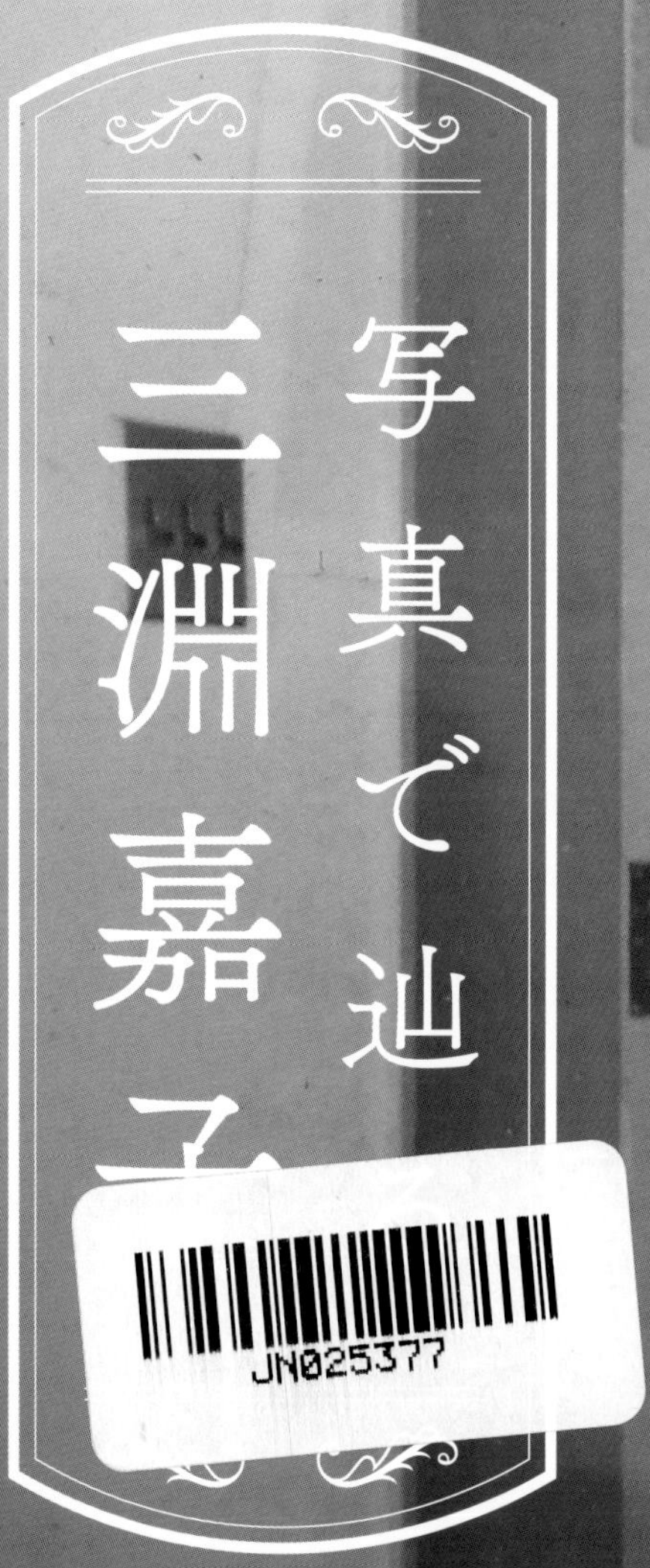

三淵嘉子と家庭裁判所

清永聡＝編著

家族の肖像

武藤家実家にて（武藤泰夫氏提供）
上段に父・武藤貞雄と母・ノブ、
下段左から三男・晟造、次男・輝彦、長男・一郎、
前夫・和田芳夫、四男・泰夫、右端が長女・嘉子

法律を学ぶ

【昭和七（一九三二）年】

法律を学ぼうと決意し、昭和7（1932）年、
明治大学専門部女子部法科に入学

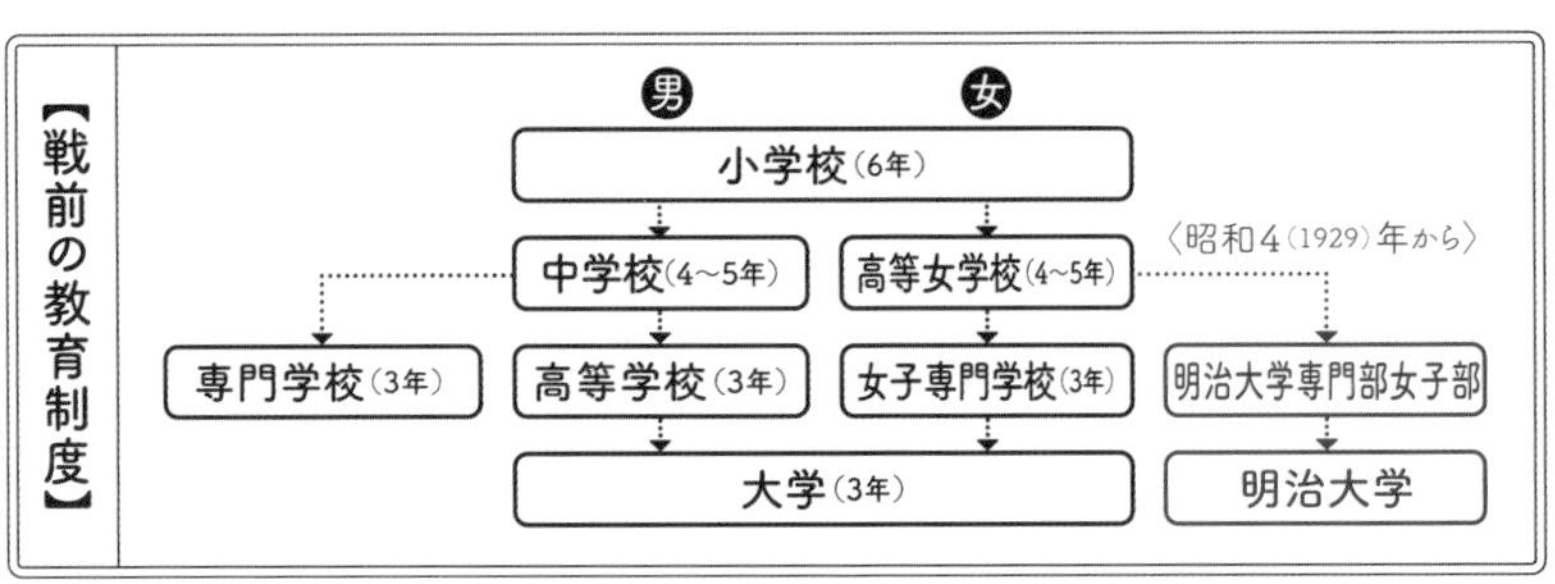

【昭和一三（一九三八）年】

初の女性弁護士誕生

昭和13（1938）年、高等試験司法科に合格
武藤嘉子、中田正子、久米愛の3人は、
初の「女性弁護士」として一躍時の人に
嘉子は司法修習を終えた昭和15（1940）年12月、
第二東京弁護士会に弁護士登録

"法服"を彩る紅三點
"女性の法律問題は女性が……"
辯護士試驗・初の榮冠

東京朝日新聞昭和13年11月2日夕刊2頁

（遺族提供）

昭和16（1941）年
11月5日、
和田芳夫と結婚
昭和18（1943）年1月1日、
第一子・芳武誕生

【昭和二〇(一九四五)年 終戦】

人間として本当の出発

昭和21(1946)年5月、
夫・芳夫、長崎にて戦病死
翌年1月に母・ノブが、
10月に父・貞雄が他界

司法省民事部民法調査室に勤務した後、
新しくできた最高裁事務総局家庭局兼民事局を経て、
昭和24(1949)年、
東京地方裁判所判事補となる
昭和27(1952)年、名古屋地裁判事を経て、
昭和31(1956)年、再び東京地裁判事に

【昭和二七(一九五二)年 女性初の判事に】

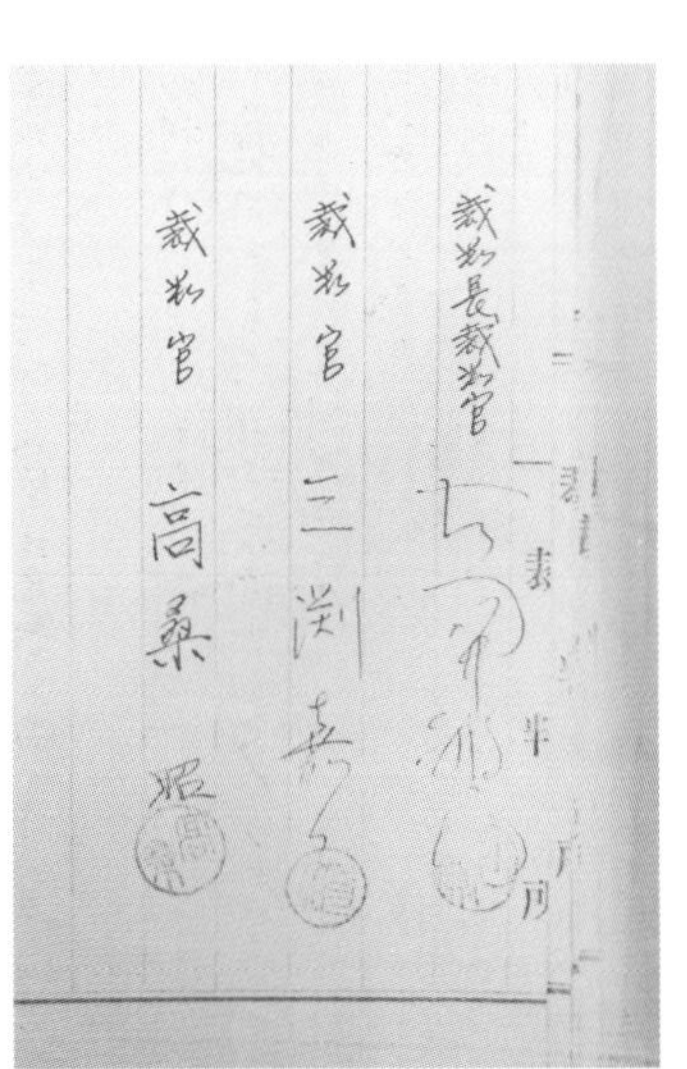

「原爆裁判」(昭和38(1963)年12月7日判決)の裁判資料に残る三淵嘉子の署名
(日本反核法律家協会提供)

【昭和三七（一九六二）年 家庭裁判所判事に】

左：昭和31年8月、
三淵乾太郎と再婚
左下：家裁春秋会で長岡を訪れた
際に野田愛子判事と歌を披露する

法廷にて
昭和33年7月撮影

家庭裁判所へ

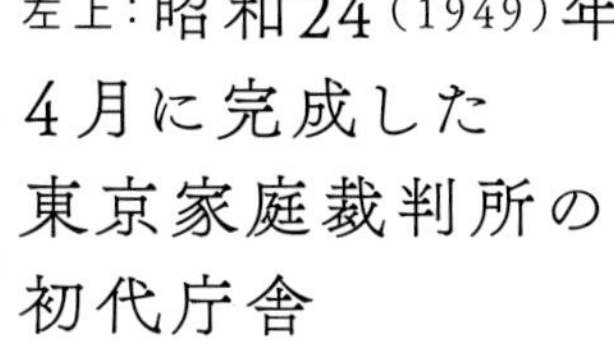

左上：昭和24（1949）年
4月に完成した
東京家庭裁判所の
初代庁舎

左：糟谷忠男判事と、
少年審判部九部
裁判官室にて

【昭和四七（一九七二）年】

初の女性裁判所長

新潟家庭裁判所長時代、
所長室にて

【昭和五四（一九七九）年】

退官の日

昭和54（1979）年11月12日退官
横浜家庭裁判所にて

法廷の外で

犬吠埼にて

【昭和五九（一九八四）年】

昭和59（1984）年5月28日他界

日本婦人法律家訪中代表団団長として中国へ
日本婦人法律家協会会員とともに（曽田多賀氏提供）

趣味のゴルフをする2人

乾太郎とともに眠る「三淵氏の墓」

三淵忠彦*の旧宅「甘柑荘」（小田原市）
すぐ近くの霊寿院に忠彦と並んで墓がある

*三淵乾太郎の父で初代最高裁判所長官

時代の先駆者

日本初の女性弁護士、初の女性裁判所長。
家裁では、5000人の少年少女たちと向き合った。
にこにこ顔は多くの人の心を和らげ、
また、頼りにされた。

口絵の写真のうち、記載のないものは三淵邸・甘柑荘保存会提供

刊行にあたって

世界経済フォーラム（WEF）が毎年公表する、各国における男女格差を測るジェンダー・ギャップ指数で、令和５（2023）年の日本の総合スコアは「0.647」、146か国中125位でした（「０」は完全不平等、「１」は完全平等を示します）。先進国の中では最低レベルの水準です。

日本においてジェンダー・ギャップを解消し、女性が差別なく働くことが可能な社会を実現することは、今なおこの国全体の課題といえるのではないでしょうか。

さて、遡って昭和４（1929）年、現代とは異なり、女性が法律家になることが制度上不可能だった時代に、現在の明治大学が女子部を開設し、その門戸は開かれました。

それから約10年後の昭和15（1940）年、日本初の女性法曹、３人の弁護士が誕生しました。三淵嘉子さん、中田正子さん、久米愛さんです。今から83年も前のことです。

それは、公然とした女性差別が存在し、女性に対する職業的制限があった戦前の日本社会では、画期的な出来事でした。

３人の中でもとりわけ、戦後、裁判官になり、昭和24（1949）年に発足した家庭裁判所の設立にも関わって、女性初の家庭裁判所の所長となった三淵嘉子さんは、女性が社会的に活躍できる道を切り開いた方でした。

「女性初の弁護士」、「女性初の判事」、そして「女性初の裁判所長」と称される三淵さんご本人の生き様と法律家としての功績を知っていただくとともに、時代の先駆者、三淵さんの足跡から、現代の社会が求めるものを感じとっていただきたいと願っています。

［目次］

Yoshiko Mibuchi and Family Court

〔第1部〕

三淵嘉子 評伝

〔第1部〕　三淵嘉子 評伝

三淵嘉子と家庭裁判所の時代

Yoshiko Mibuchi and the Era of the Family Court

清永聡

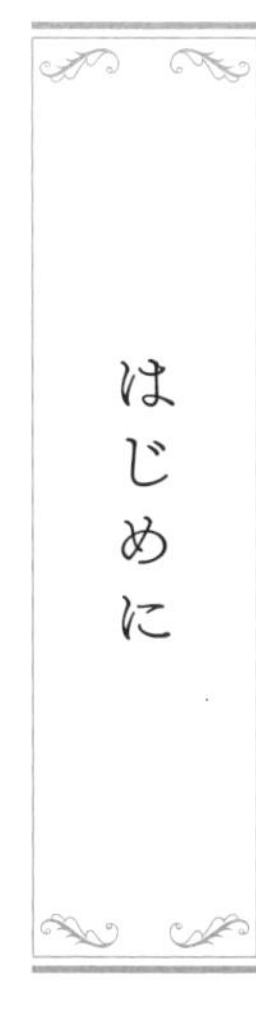

はじめに

「ああ、三淵嘉子さん！」

一定の世代を超える裁判所のOBには、今も男女問わず「三淵ファン」がいる。彼女の名前を出すと、ぱっと若き日の笑顔に戻る。

「どんな方でしたか」

「すてきな人でした」「その場に花が咲いたような」「声がきれいな」「少年審判のプロフェッショナル」「尊敬する裁判官」……。

元裁判官だけでなく、調査官や書記官と幅広い。多くの人に好かれ、頼りにされる存在だったことがわかる。

昭和一三（一九三八）年に三淵嘉子は中田正子、久米愛とともに女性として初めて当時の〝司法試験〟に合格した。戦前は弁護士に、戦後は裁判官になる。昭和二四（一九四九）年に発足した家庭裁判所の設立にも関わった。昭和四〇年代には急増する少年事件に向き合い、少年法を守ることにも力を尽くした。

私は平成三〇（二〇一八）年に家庭裁判所の歴史をまとめた『家庭裁判所物語』を出版した。この本は最初、三淵嘉子の評伝として計画した。彼女を通じて家庭裁判所の歴史を描こうと考えていた。彼女と親交のあった方々を取材したが、ほとんどの方が喜んで、彼女との思い出を語ってくれた。

さらに、実子である和田芳武と、末弟の武藤泰夫の両氏には、平成二八（二〇一六）年から出版後まで数年にわたって取材し、これまで活字になっていなかったエピソードを、いくつも聞かせてもらうことができた。

それでも、家庭裁判所が創設された昭和二〇年代、彼女はまだ若手だった。彼女一人で家裁の歴史をすべて語ることは難しい。私の手元には、書き込めなかった三淵嘉子に関する証言録や資料が数多く残された。

特に実子の和田芳武と末弟の武藤泰夫は、数年前相次いで亡くなり、今では新たな証言を得ることはできない。そこで今回、取材で得た証言や資料から、あらためて嘉子の生涯を追っていくことにする。

❁

三淵嘉子には「女性初の弁護士」「女性初の判事」「女性初の裁判所長」など、歩けば「初」の称号が後から付いてくる、そのような生涯だった。

結果だけ辿れば、華やかな道に見える。だが戦前は公然とした女性差別があった。法律でも結婚した女性は「無能力者」とみなされていた。特に司法は明治以来長く男が独占する世界だった。

その山に分け入り、道を切り開いていった人生である。それは決して軽やかな歩みではない。戦争で最初の夫や弟を失い、働きながら長く一人で子を育ててきた。肉親を養う必要にも迫られた。

何より生涯、第一走者を務める重圧は、大きかったろう。実子の和田芳武に言わせると、「闘い続けた人生」であるという。

そして裁判官として通算一六年間も家庭裁判所で働いた。彼女自身が語ったところによれば、実に五〇〇〇人を超える非行少年や少女と審判で向き合っている。

本稿は三淵嘉子の生きた時代と、彼女が果たした役割を伝える必要な範囲で『家庭裁判所物語』で紹介した証言や一部表現が、重複することをお許しいただきたい。

彼女には生涯で三つの姓があった。旧姓の武藤、最初の結婚後の和田、そして再婚後の後半生で使われた三淵。本書では混乱を避けるため名前の「嘉子」で紹介する。このほか存命の方を含め敬称は略した。引用文献は末尾に一括したほか、引用にあたっては、一部を除き旧字を新字にあらため、一部の漢字を変更あるいは平仮名にした。また読みやすくするため、文意を変えない範囲で句読点をつけた。

活発な人気者

三淵嘉子の父親の武藤貞雄、母親のノブはともに香川県丸亀市の出身である。家族によると貞雄は代々丸亀藩の御側医を務める宮武家に生まれ、武藤家に養子に入ったという。伝わる話では、貞雄の父は緒方洪庵が大阪に開いた「適塾」に通っていたこともあるという。

武藤家は貞雄が医師になることを期待した。だが、彼は旧制丸亀中から一高、東京帝大の法学部を出て台湾銀行に就職している。

台湾銀行は、台湾での紙幣発行権を持つとともに、商業銀行としても内外に支店を構えていた。貞雄はシンガポール支店やニューヨーク支店へ赴任している。

当時の貞雄の肖像写真が武藤家に残っている。写真の下部には英語のサインがある。中折れ帽をかぶり、三つ揃いに蝶ネクタイ。時代を割り引いても決まりすぎた正装なのだが、キザにならないのは当の本人が丸顔にロイド眼鏡とだんご鼻、その下のちょび髭がユーモラスに感じさせるからだろう。

嘉子が生まれたのは、一家がシンガポールに滞在していた大正三（一九一四）年一一月一三日である。

嘉子の「嘉」はシンガポールの漢字表示「新嘉坡」から取った。貞雄は次のニューヨークへは単身で転勤したため、嘉子は母と幼少期の数年間を実家のある丸亀市で過ごしている。嘉子は小さいときから利発で活発、丸顔は父親似である。

武藤家の菩提寺は丸亀市の本行寺にある。今も貞雄の建てた武藤家の墓があり、武藤家の法要は本行寺で行われている。

貞雄は大正九（一九二〇）年にアメリカから帰国した。東京での勤務になったため、一家は渋谷を経て麻布笄（こうがい）町で暮らすようになった。現在の港区西麻布四丁目になる。区画や道路はほぼ当時のままの形状が残されていて、一家の住まいがあった位置は当時の地籍図から特定できる。

自宅のあった場所を訪ねてみた。外苑西通りから一つ西に入った通り沿いで、周辺は戦災でほとんど失われ、当時の面影を残す建物はない。マンションやホテルなどビルばかりである。

自宅があった場所は、駐車場になっていた。敷地は広さ約一五〇坪。かつては門と立派な玄関がある武家屋敷だったという。周囲にはさらに広い区画が並んでおり、当時としてはここが特に広かったわけではない。すぐ裏には赤十字病院、表通りに出れば市電の停留所がある。
この家に両親と嘉子、そして弟たちで長男の一郎、次男の輝彦、三男の晟造、四男の泰夫がいた。

❀

取材時、五人きょうだいの中で唯一健在だったのが、末弟の武藤泰夫である。

泰夫は林野庁で長く勤めた後、民間企業で働き、退職後は森林の保護活動を続けていた。当時はもう九〇歳近かったが、山林を回っていたためか身のこなしは軽く、自分で自転車に乗って買い物に行くほど元気だった。

「私たちきょうだいの中で、一番優秀なのが姉でした」

泰夫には都内の自宅で話を聞いた。嘉子は勉強もできて、運動も得意。広い敷地では弟たちとキャッチボールもしたという。

「とにかくもう、何でもできる人でした。頭の回転も速く言葉も達者で、元気で頼りになります。私たちを引っ張ってくれる存在でした」

父の貞雄はノブと「この子が男だったらどれだけいいか」とこぼしていたほどだという。

弟の中では嘉子のすぐ下の長男、一郎が弟たちのまとめ役だった。

「一郎兄さんは、姉の次にしっかりした人でした。長男ですから姉も一郎兄さんに一目置いていました」

「たとえば、私が家に帰ってきた時に、玄関に靴を脱ぎ捨てたりするでしょう。父も母も、姉も何も言わないのですが、一郎兄さんは『おい、泰夫。何だその脱ぎ方は』とビシッと短く言うのです。そう言われると、はい、と従うしかない。威厳がありました」

一〇歳以上年の離れた末弟の泰夫にとっては、嘉子は優しく母親のような存在で、一郎はこわい兄。そして進歩的な考えの父と優しい母がいて、温かい家族だった。

❀

昭和二（一九二七）年、嘉子はお茶の水にある東京女子師範学校附属高等女学校に入学した。入試は二〇倍を超える難関だった。同級生は回想でこう記している。

「嘉子さんは理知的で、正義感が強く努力型。国語より数学の方が得意で、学期末には隣の席どうし、互いの通信簿を見せ合うほど勝負にこだわらないおおらかさがあった（中略）謝恩会には抜擢され、『青い鳥』のチルチルを颯爽と可憐に演じきり、一躍上級生のアイドル的存在になった」（平野露子）

「お声が澄んでいて台詞もよく透り、また歌も上手、絵も一時油絵の先生につかれ、お好きでお上手でした。私たちは仲も良い代わりよく口げんかもしましたが、さえた頭脳で考えられたことが思ったとおりの言葉となって出てくるのですから、絶対に勝ち目はありませんでした。ですから後年弁護士になられた時は、まったく天職を得られ

たものだと思ったものでした」（堀きみ子）

頭も良く朗らかで声もきれい。丸顔で笑うとくっきりとしたえくぼができた。何より感情が豊かで喜怒哀楽がはっきりとしていた。嘉子の周りにはよく人の輪ができる。学校でも人気者だった。

彼女を中心に人が集まるという光景は、終生続いている。

東京に珍しく雪が積もった時には、自宅にあったスキー板を持ち出して、雨ガッパを着て乃木坂で滑ったこともある。おそるおそる坂道で滑り出すと、警官が通りかかった。驚いた警官は、大声で怒鳴った。

「こら！　ヤメロというのが、聞こえんか！」

そう叫ぶのだが、坂道でスキーは止まらない。下まで滑り降りたところで、警官がやっと追いついた。

「アッ、お前は女だな」と言われてすっかり叱られたという。こういう話も、嘉子は友人に披露して笑い話にしてしまう。

昭和六（一九三一）年、高等女学校の卒業が近づいた。女性は多くが進学も就職もせず、花嫁修業の習い事などをしながら見合いをして、結婚する時代だった。

ただ、嘉子自身は社会に出て全力で何か仕事をしたい、と考えていた。後のことだが彼女は同僚の裁判官に「もし自分が男だったら、黒部ダムでも造ってみたかった」と話している。また後輩の女性弁護士には「私は精いっぱい働きたい。死ぬ時は、『ああ、私は精いっぱい生きた』と思って死にたいの」と話している。

海外赴任が長かった父の貞雄も、女性は仕事を持つべきだと考えていた。

「ただ普通のお嫁さんになる女にはなるな。男と同じように政治でも、経済でも理解できるようになれ。それには何か専門の仕事を持つための勉強をしなさい。医者になるか弁護士はどうだ」

貞雄の生まれた宮武家は医師の家系である。このため嘉子に医者の道を薦めたのだろう。

しかし嘉子は「血を見るとこわくなっちゃう」ため、医師に向いているとは思えなかった。そうすると、父が言ったもう一つは弁護士である。

❁

戦前の司法試験は、どのようなものだったのだろう。

明治から大正にかけては、帝国大学の法律科を卒業すると、無試験で弁護士もできたし、裁判官や検察官の修習を行う司法官試補になることもできた。

これに対して私立大学の学生は、裁判官や検察官が「判事検事登用試験」、弁護士は「弁護士試験」を受けなければならない。当時は明らかな官学優位であった。しかも裁判所や検察庁の要職は一部の例外を除き、帝大卒が占めていたのである。

無試験で司法官試補などになれるというこの「帝大特権」は、大正一二（一九二三）年から事実上廃止された。司法試験は高等試験の行政科、外交科とともに「司法科」となって、今でいう「キャリア試験」の一部となる。さらに裁判官・検察官と弁護士の試験も一本化された。合格してから修習を経て裁判官や検察官になるか、弁護士になるか。どちらかを選ぶ仕組みになった。

ただし、この時点では女性は受験もできなかった。

明治二六（一八九三）年に施行された弁護士法（旧々弁護士法）には、第二条に「日本臣民ニシテ民法上ノ能力ヲ有スル成年以上ノ男子タルコト」と定められていた。裁判官や検察官も明文規定はなかったが、男性に限られていた。

つまり法律家とは男性だけの世界だったのだ。

父の貞雄は嘉子に「そのうち道は開けるよ」と、幾度も励ました。これは憶測ではなかった。この当時、女性にもせめて弁護士の門戸を開くべき、という議論が起きていたのである。

昭和八（一九三三）年に弁護士法が改正され（旧弁護士法）、女性にも弁護士資格を認めることになった。これは嘉子が在学中の昭和一一（一九三六）年から施行され、女性も高等試験司法科を受けることができるようになった。

ただ、女性に門戸を開いていた大学は、当時ほとんどなかった。文系は旧帝大が東北と九州の二大学のみ、ほかには一部の私立大学が女性の入学を許した程度である。選科生などの扱いを除くと東京では唯一、明治大学だけが弁護士を目指すことができる学校だった。

法律を学ぶ女性たち

明治大学は昭和四（一九二九）年、各校に先立って女性に「専門部女子部」を開校した。女性だけの学科である。ここの法科を卒業すれば、法学部の本科に編入され男性と同じように学ぶことができる。

嘉子は明治大学専門部女子部に進んで、法律を学ぼうと考えた。高等女学校に卒業証明書をもらいに行った。

だが、進学先を告げると、女性教師は卒倒せんばかりに驚いた。

「法律を勉強なさるのですか。それはおやめになった方がよろしいですよ。お嫁のもらい手がありませんよ」

そう言って懸命に止めた。嘉子は「父の了解を得ていますから」と説得し、引き留める先生を振り切って、卒業証明書をもらって帰宅した。

すると、今度は法事で丸亀に戻っていた母親が帰宅して「これで、娘は嫁に行けなくなった」と泣き出したという。

❀

明治大学が女子に門戸を開く決断をした背景には、東京帝国大学教授で明治大学でも教鞭を執っていた穂積重遠と、弁護士の松本重敏の存在が大きい。穂積は「家族法の父」とも呼ばれ、女性の権利擁護にも理解があった。松本は明治大学出身の弁護士で、二人とも弁護士法改正委員会の委員を務めていた。この二人が大学に女子の専門部設立を提案したのである。

昭和四年に開学した専門部女子部の法科は、穂積の意気込みで一流の講師を集めた。民事訴訟法は細野長良（ながよし）（のち大審院長）、刑事訴訟法は草野豹一郎（のち大審院部長）、行政法は沢田竹治郎（行政裁判所評定官、戦後最高裁判事）、相続法は島田鉄吉（元大審院部長）などである。穂積も民法の教鞭を執った。さらに学長の横田秀雄（元大審院長）も、自ら授業を行っている。大学側の力の入れ具合がわかる。特に実務家とその出身者を数多く集めていて、現場で活躍する法律家の育成を目指していた。

　昭和七（一九三二）年、嘉子は四期生として明治大学専門部女子部に入学した。

　校舎は神田駿河台のかつて付属中高があった場所に作られていた。小さな木造二階建ての小学校のような建物だった。

　女子学生の制服もあった。紺色のスーツに白のブラウス、紺のネクタイに男性と同じ角帽もあった。女性に角帽はさすがに違和感があり、頭に乗せる女子学生は少なかったようだ。

　嘉子は当時の学校の様子をこう語っている。

「女子部全体で一〇〇人あまりという、専門学校というよりは塾と呼ぶのがふさわしいような小さな学校であった。生徒も女性解放の意気に燃える女闘士やら、私のように世間知らずの女学生など、年齢も一〇歳代から四〇歳を超える年配の女性まで誠にバラエティに富んでいた。ともかく普通の女子専門学校にはない厳しいしかも大人の雰囲気があった」

　入学した後も、法律を学ぶことに周囲の理解は得られなかったという。

「明大入学後、知人に出会ったとき今どうしているかと聞かれ、明大で法律を勉強していると答えると、とたんに皆一様に驚きあきれ、何という変わり者かという表情で『こわいなあ』といわれるのにはこちらが参ってしまった」

　弟の泰夫も、家の外を歩いていた男子学生が「ここの家、女だてらに法律を勉強しているんだって」と噂しているのを聞いている。

　大学は、初年度の入学定員を三〇〇人と予定していた。ただ、実際に入学してくる女子学生は少なく、学業途中で結婚するため退学する人も相次いだ。本人の回想によると嘉子の学年も入学者は五〇人程度で、卒業時には二〇人ほどに減っていたという。

　当時、女性が進学する場合、多くは結婚前に教養を身につけることが目的だった。主婦になっても、生活に直接役立たない法律を学ぶ選択はまれである。あえてその道を選んだ女性たちも、縁談の話が来れば、多くが結婚を選んで退学する、あるいは親から嫁入りを強いられるのは、当たり前だったのだ。

❀

　明治大学に入った嘉子は、そこでも人気者になった。

　当時の旧姓武藤から「ムッシュ」というあだ名がついた。嘉子は特に仲の良かった女性たちと大学から神田駿河台下を歩き、時にはみつ豆を楽しんだり、書店を回ったりすることもあったという。

　昭和一〇（一九三五）年に専門部女子部を卒業。明治大学法学部本科へと進む。ここからは男子学生と共学になる。

　ただし男女がお互いに口をきく勇気は

なく、女子学生は教室の前方に固まって席を取り、授業外でも女子だけで行動していたという。

それでも、嘉子の優秀さは知られていた。試験の時には、前後左右の男子学生が教えてくれと突っついてカンニングを迫られることもあった。弟の輝彦によれば男女を合わせて成績がトップで、大学の卒業式では、総代として卒業証書を受け取っている。

初の女性弁護士誕生

女性も受験できるようになった司法科の試験。最初の昭和一一年は、一九人の女性が受験したが、合格者はゼロだった。

翌年、中田正子が初めて筆記試験を突破したが、口述試験で不合格となる。初の女性弁護士誕生かと注目を集めただけに、中田の不合格には、「女性だから落とされたのではないか」という声も上がった。

一方で法学部の女性たちの受け止めは違った。「あと一歩で、私たちも弁護士になれる」と感じた人が多かったという。

三回目となる昭和一三年の高等文官試験司法科。多くの男性たちに混ざって嘉子も受験に臨んだ。自身の回想によれば、この年の女性の受験者は二〇名程度だったという。

❀

当時は司法科だけでなく、行政科と外交科の三試験が合同だった。官僚、裁判官や検察官、そして外交官と国家を支える幹部候補生を選抜する最高試験である。公務員の地位が今よりもはるかに高かった時代、「エリート選抜試験」だけに、衆議院と貴族院の建物が会場となった。

毎年六月末から七月上旬にかけて試験場の外には天幕が張られ、全国から大勢の受験生が永田町に集まってきた。

当時の受験本には、試験会場の風景が点描されている。

受験五回目の「古強者（ふるつわもの）」が大声で体験談を語り、若い受験生は取り囲んで耳を傾ける。角帽の帝大組、あご髭を伸ばした私大組とそれぞれひとかたまりになっていた。地方から上京してきたグループもいて、お国言葉で緊張を和らげている。多種多様な受験生の群れであった。その中でごくわずかしかいない女性は、おそらく小さくなっていたことだろう。

外には受験生のために湯と茶碗が用意されている。出店が出てパンや牛乳、寿司などが売られていた。直前でどこまで役立つのか、問題集まで売られている。祭りのような賑やかさであった。

筆記試験は必須科目、選択科目を含めて合計七科目ある。現在の司法試験のような「短答式」はなく、「論文試験」が日曜日を除いて七日間の日程で行われ、必須科目と選択科目を受験する。この筆記試験に合格した者だけが、次の「口述試験」に進むことになる。

当時の記録を探してみた。

嘉子が受験した昭和一三年度の高等試験司法科の受験者数は二九八六人。これに対して合格者は二四二人だった。倍率は一二倍を超える。

❀

麻布笄町の家には、同郷の丸亀から上京した学生が、入れ替わりながら書生として住み込んでいた。

その一人に裁判官となった野瀬高生（たかお）がいる。彼は嘉子の二年前に司法科試験に合格し、彼女が受験した当時は、すでに司法官試補として東京にいた。

試験時のエピソードを書き残している。

「ちょうどその論文試験のあった晩、奥さんが僕のアパートへ飛んでこられ、『嘉子がたいへんなの。試験に失敗したと玄関に泣き崩れて動かないのよ』といわれたので、僕は武藤家に駆けつけた。そして嘉子さんから答案内容を詳しく尋ねてみたところ、よくできていたので『絶対大丈夫』と励ましたら、嘉子さんも落ち着いて翌日また受験に出かけた。後で聞くと、抜群の成績であったとのことである」

合格発表は昭和一三年一一月一日。当時はラジオでも合格発表が報じられ、合格者名は後日官報にも掲載された。

合格者名の一覧には、「武藤嘉子（三淵）」、「久米愛」、「田中正子（中田）」の三人の女性の名前があった。

❁

ここで嘉子とともに合格した、ほかの二人の経歴を簡単に紹介しておく。

久米愛は津田英学塾（現在の津田塾大学）で英語を学んだ後、女性の弁護士への道が開けたことを知って、明治大学専門部女子部に入学し直している。戦後は弁護士として活動する傍ら、女性の社会進出を支援する活動を続けた。

もう一人の中田正子は日本大学の選科から、久米と同じく弁護士を目指すため明治大学専門部女子部に編入している。戦争末期に夫の実家の鳥取県に疎開し、戦後も鳥取にとどまって弁護士として活躍した。

新聞各紙は大きく三人の合格を取り上げた。

「女弁護士初めて誕生」（東京日日新聞）、「法服を彩る紅三点」（東京朝日新聞）など三人の写真をつけた大きな見出しで報じている。全員が明治大学の出身だったため、大学では盛大な祝賀会も開かれた。さらには婦人団体による祝賀会や座談会も行われ、三人は一躍時の人となった。

戦前、女性は司法科に合格しても、裁判官や検察官になることはできなかった。司法科の合格者は希望すれば司法官試補採用願の願書をもらえるが、三人は受け取ることができなかったのである。

このため合格発表の時点で、新聞各紙は「女弁護士」という見出しをつけたのだった。

❁

「女性のための弁護士」を強調する新聞の風潮に対しては、戦後の回想で嘉子は「まったく当惑した」と書いている。男女の区分けそのものを意識することに否定的な立場を取っている。

こうした戦後の記述だけを根拠に、彼女が生涯を通じて性別を超越した人間主義であったとされるような意見も見られるが、それは少なくとも戦前に弁護士だった時点での嘉子自身の記述や、私が直接聞いた遺族の証言と一致しない。

実子の芳武は生前、私の取材に対して「母は女性の差別問題に敏感で、生涯女性の味方でありたいという言葉を話していました」と明言している。

嘉子自身が、合格を伝えた日の読売新聞婦人欄に寄稿した文章がある。タイトルは「女と法律」である。

「女だから学問はいらない。女だから法律など知る必要はない。この『だから』という考え方を日本の女は長い間自分自身でも、また人からも強制されてきました」

「幸運にも合格した高等試験、これで日本にもまた一つ、女の職業が増えたワケです。私が〝女弁護士〟になったということは、私一個の小さな問題ですが、女が弁護士になれるという制度ができたことは、大きな問題です。それは女とはあまりにも縁遠いと思われていた法律を、女の身近に置いてくれたからです」

「私にさえ得られた資格ですから私たちより後から来る多くの人々にも、必ず得られる資格です。そして長い間『男の法律』で裁かれていた『弱い女』を『女だから』知らなかった法的な無知を、女自身の手で護ることのできる日の近づいたことを皆様と共に喜びたいと思います」

これだけの文章を「新聞社に言われるがまま書いた」とはさすがに考えにくい。弁護士としての嘉子は女性を守ることが自らの役割だと考え、女性法律家が数少ない戦前においては、特にその気持ちが強かったと思われる。

その一方で、「闘志に燃えた女弁護士」的なステレオタイプにも釈然としない思いを抱えていたようだ。同期の久米愛は女性の権利擁護のため活発な活動を繰り広げていくが、嘉子は戦後も裁判所という組織にいたせいか、微温的で久米ほどの活動や発言は見られない。

おそらくは初の女性弁護士になったときも、「女性」を強調する報道に違和感を持ちつつ、現実には目の前に無数にある女性差別と時に闘い、時にかわしながら、第一走者としての道を進んでいったのだろう。

こうした彼女の思いは、むしろ戦後、日本国憲法が男女の平等を明記して以降、変化し深まっていったようにも思える。

❋

熊本市の高等女学校に通っていた一人の小柄な少女は、新聞を見て驚いた。

そこには、三人の女性が弁護士の試験に合格したと伝えている。少女にとって、女性が弁護士という職業に就けるという道があるとは、思いもしないことだったのだ。

それまで彼女は漠然と「進学して何か独り立ちできる仕事をしたい」と考えていた。

――これしかない。

彼女は自らの将来を定めた。両親を説得し、阿蘇の実家にある山を売ってもらい、単身上京する。

もう一人、東京の新宿にいたくせ毛の少女も、女性三人の弁護士誕生という新聞記事に目をみはった。彼女の父はアメリカ生活が長く、当時としては自由な教育を受けていた。彼女自身も「結婚して、家庭の主婦になる当たり前の道はいやだな」とぼんやりと考えていた。

——私も、法律というものを学んでみよう。

そう決心する。

熊本の少女は鍛治千鶴子。新宿の少女は野田愛子という。二人はともに昭和一七（一九四二）年に明治大学専門部女子部に入学した。戦災を経てもあきらめることなく学業を続ける。戦後すぐの司法科試験に合格して鍛治は弁護士に、野田は裁判官になる。三人に続く女性法律家の草分けだった。

法律を学ぶ女性がまだほとんどいない時代。嘉子たちの合格の報は、「社会で何者かになりたい」、「活躍をしたい」と強く願う女性たちを導く灯りのような存在となった。全国各地から強い意志を持つ女性たちを、呼び寄せることになったのである。

三人の合格によって、学生が集まらなかった明治大学専門部女子部は息を吹き返す。昭和一三年度には一六人まで減っていた入学者は、合格が報じられた翌年には四四人、さらに次の年は七一人と一気に回復する。

合格した嘉子ら三人は、一年半の間弁護士試補として修習を受ける。裁判官や検察官になる司法官試補には給与の支給があるが、弁護士試補については無給であった。嘉子の記憶によれば、代わりに初任給の半分にも満たない月二〇円ほどが支給されたという。彼女は修習当時をこう回想する。

「私から見ると父親のようなオジサン方の多い弁護士試補の修習は心が重かった。討論の場で若い小娘が年配の男性の自尊心を傷つけるような議論ははばかられ、遠慮しながらの発言で常に欲求不満が胸にたまっていた」

修習中の息抜きは、同期との語らいだった。

全員、丸の内の弁護士事務所で弁護士修習をしており、嘉子はよく久米愛や中田正子と丸の内でランチを食べ、ともに皇居の周りを歩いた。三人でいる時は男性に気を遣わずにすんだ。

久米と中田は、生涯嘉子と交友を保ち続けている。

昭和一五（一九四〇）年七月、嘉子は母校で民法の講師を務めることになった。

学生たちにとって、世代の近い女性の先輩から直接教わるのは、大きな魅力だったようだ。新聞記事を読んではるばる満洲から上京した平林英美は、昭和一六（一九四一）年の春に憧れの嘉子と初めて大学で対面した。

——口などきいていただけるかしら。

そう緊張していた平林に、嘉子は丸顔にえくぼの笑顔で「遠くからよく来られたわね」と話しかけてくれた。彼女の周りにはたくさんの女子学生が集まっていた。先生というよりもお姉さんという印象で、みんなと色んな話をしながら校内を歩いた。平林は、嘉子に横浜まで靴を買いに連れて行ってもらったこともあった。彼女はその靴を戦争中も大切にはき続けたという。

授業も人気があった。大学の授業は全員が高齢の男性だった。そこにまだ二〇代の嘉子が優しい笑顔で法律を教えてくれる。

嘉子が透き通った声で条文を読み上げると、それだけで女子学生たちはうっとりとしたという。

戦争による暗転

「それから、どうされたのですか」

「それからねえ、姉はすぐに結婚したんですよ」

私の質問に弟の泰夫はそう答えた。泰夫は当時旧制中学に通っていた。

修習を終えた嘉子は、第二東京弁護士会に登録して、丸の内にある仁井田益太郎の弁護士事務所に所属した。母校の大学の講師も続けている。

両親の懸案は娘の結婚であった。弁護士になった時点で、嘉子はすでに二六歳。泰夫の言葉を借りれば当時すでに「行き遅れ」であった。

「父と母は何度か見合いも持ちかけたようです。ただ、姉の気にいる人はいなかったんです。それで、父が業を煮やして『誰か、気になる人はいないのか』と姉に聞いたら、実は一人いると。そして和田さん、と言ったそうです」

両親は驚いた。和田さん、というのは、武藤の家に一時期書生として暮らしていた和田芳夫のことである。貞雄の親友のおいで同じ丸亀中学校を卒業し、働きながら明治大学の夜間部で学んでいた。卒業後は東洋モスリンという紡績会社に就職していたのである。

「泰夫さんから見て、芳夫さんはどんな人でしたか」

「何人もいた書生さんの中で、一番おとなしくて、静かで、優しい人です」

泰夫の自宅には、嘉子と芳夫が写った写真がある。丸眼鏡をかけた穏やかな表情を見せている。写真には嘉子の弟たちも一緒に写っているのだが、丸坊主の泰夫が、二人の間に割り込んで、にこにこと笑顔を見せている。

芳夫の名前を聞いた両親が驚いたのは、自宅に出入りしていた男性の中で、一番静かでおとなしかったからだ。活発な嘉子とは正反対だった。父の貞雄が、もう交際しているのかと聞くと何もないという。ただ、人柄の良さは貞雄も知っている。

「父はさっそく和田さんのところに行って、『娘があなたのことを気に入っている』と伝えたのだそうです」

これをきっかけに二人は交際する。ただ、嘉子は後に同僚に「男の人って、いざとなると意気地がないのね。なかなか結婚しようって言ってくれなかったわ」と話している。

嘉子と芳夫は昭和一六年一一月に結婚した。

彼女は「武藤嘉子」から「和田嘉子」になる。芳夫は妻の仕事についても理解があった。二人は池袋に暮らし、嘉子は弁護士事務所や明治大学へ、芳夫は紡績会社へ通勤した。当時では珍しい共働きの夫婦だった。

結婚してわずか一か月後には真珠湾攻撃が行われ、太平洋戦争が始まった。

泰夫によると戦前の嘉子の弁護士としての活動は、短かったという。

「事実上、姉の弁護士としての仕事は一年もなかったんじゃないでしょうか。開店休業だったと話していました」

当時、嘉子はある離婚訴訟を受任していた。妻の不貞を理由とする夫からの申し立てで、嘉子は妻の代理人になる。女性の名誉にかけて争っていたという。ところが、裁判中の夫のところに召集令状が来ると、後顧の憂いなく出征できるようにとたちまち協議離婚が成立し、訴えは取り下げとなった。

「代理人としてはあっ気にとられる思いであった」と記している。

大学でも次第に戦争の影が濃くなる。授業よりも防空演習や救護訓練が優先されるようになった。嘉子も講師の一人として、学生たちの先頭に立って訓練をすることになった。

昭和一七年に入学した鍛冶千鶴子と野田愛子だが、念願の嘉子の授業は戦争で中断された。男子学生は学徒動員、女子学生は勤労動員に駆り出された。鍛冶も野田も、工場で弾丸を磨いたりパラシュートを縫ったりさせられた。専門部女子部は昭和一九（一九四四）年に繰り上げ卒業となった。戦争が本格化する中で、女性が学び続けることはできなくなったのだ。

鍛冶はやむを得ず郷里の熊本へ戻る。野田も両親の実家がある長野へ移り住むことになる。

昭和一八（一九四三）年一月、嘉子と芳夫の間に、長男の芳武が生まれた。

子供が生まれたのを機に、嘉子たちは池袋の住まいを出て、麻布笄町の武藤の家で一緒に暮らすようになる。貞雄とノブにとっても初孫である。戦争の影は徐々に濃くなっていたが、武藤の家は幼い芳武を中心に、笑顔が絶えなかった。この頃の二人の様子について泰夫は「とても仲のよい夫婦でしたよ。芳夫さんが優しいからね」と話す。

嘉子自身も戦後、当時のことをこう表現している。

――娘の頃から望んでいた、春のように暖かく楽しかった結婚生活。

だが、幸せな生活は、長く続かなかった。芳武が生まれて一年。昭和一九年に入ってすぐ、芳夫の元に召集令状が届く。この時は、以前患った結核による肋膜炎の跡が見つかり、すぐに召集解除となった。

だが六月になって、嘉子の弟、一郎の戦死公報が届く。

一郎は頭が良かったが、「弟たちに学問をさせてほしい」と自らは横浜高商に進み、卒業後は今の日立に入社した。その後結婚し、妻のお腹に子を残したまま出征していた。

弟の泰夫はこう話す。

「赤紙が来た時も、兄は父や母に『兄弟の中で一人くらいお国に命を捧げる者がいてもよいでしょう。私が行ってきます』と言い残しました。家族にとっては、武藤家を継ぐ、一番頼りになる兄でした。父母のショックは大きかったのです」

一郎は昭和一九年六月、沖縄へ向かうため乗っていた輸送船「富山丸」が鹿児島県徳之島の近海で米軍の魚雷を受けて撃沈し、死亡した。妻の嘉根と生まれたばかりの幼い娘が残された。遺骨もなく、家族は遺品を骨壺に入れて葬儀を行った。

この年、麻布笄町の自宅は空襲による火災を防ぐためとして取り壊された。数々の思い出が詰まった自宅は、引き倒され、見る間に空き地になった。

そして、翌昭和二〇（一九四五）年一月。芳夫の元に再び赤紙が届いた。

召集が解除されてわずか一年である。泰夫はこの時のことが、今も悔しくて仕方ないと話す。

「芳夫さんはそれまでも結核を病んで身体が弱かったんです。診断書を取って病気と主張できたはずです。ただ、芳夫さんはそういうことができる人ではなかった。身体の丈夫な人ではなかったのですが、それを隠すようにして、二度目の出征をしました」

夫は戦地へ向かい自宅も失った。東京は連日空襲警報が鳴り響くようになる。嘉子は芳武を連れて疎開することを考えた。

丸亀に帰れば親類もいた。また弟の泰夫は岡山の第六高等学校に入学していた。だが、四国は東京から遠い。どこへ行くか考え込んでいた頃、親戚の一人が経営する下宿に駒澤大学の学生がいた。彼は福島の坂下（ばんげ）町の出身で、疎開先の住まいを紹介してくれるという。

嘉子と芳武は、一郎の妻だった嘉根とその娘とともに、女二人と幼な子二人の四人で福島県坂下町へ疎開した。

父の貞雄は台湾銀行を退職し、川崎で軍の兵器に使用する火薬を製造する工場を経営するようになった。両親は工場に近い社員寮の一室に移り住んだ。

泰夫は父親に命じられて、福島にいた疎開先の嘉子を見に訪ねたことがある。

「いや、ひどいものでした」と彼は首を振る。

「疎開先の家は住宅ではなく、わら葺きの倉庫でした。畳もなく板にむしろを敷いていました。水はけも悪く、なめくじがはうような家でした」

電気も通っておらず、灯りはランプだった。

嘉子と嘉根は、ともにモンペ姿で近所の農作業を手伝い、食糧を分けてもらっていた。敷地で荒れ地を耕し、サツマイモなどを育てていた。

その脇で、何も知らない無邪気な芳武と嘉根の娘が遊んでいた。

――むごいことだ……。

姉の変わりように、泰夫は胸の詰まる思いがしたという。

つい二年ほど前まで、彼女は日本初の弁護士としてスーツ姿で丸の内を颯爽と歩いていたのだ。

ともに疎開していた嘉根は、福島での嘉子について、芳武にこう話していたという。

「嘉子さんは芳武君をおぶって歩きながら、よく歌を口ずさんでいたのよ」

——ここはお国を何百里、離れて遠き満洲の、赤い夕日に照らされて……。

口ずさんでいたのは「戦友」という軍歌であった。歌詞はさらに、「友は野末（のずえ）の石の下」と続く。

出征した夫の芳夫はどこにいるのかもわからない。父母とも別れ、東京から遠く離れた福島で、一人息子を育てていた。日本初の女性弁護士であり、大学の教師という経歴からはるかに遠く、疎開先では何の役にも立たなかった。

そして、八月一五日を迎える。

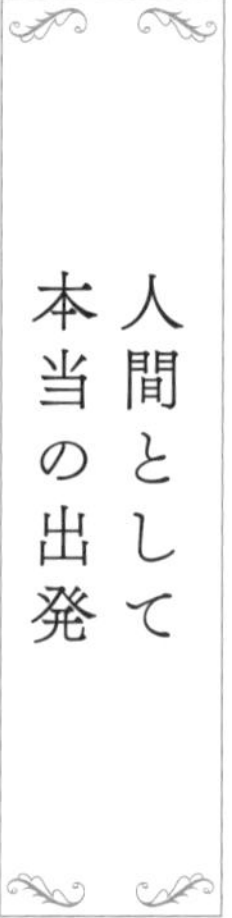

人間として本当の出発

「私の人間としての本当の出発は、敗戦に始まります」

福島で玉音放送を聞いた嘉子は、こう記している。

「それまでの私は、ほかの女の人と少し違った経歴を持っていましたが、やはり平凡な主婦の一人でした」

「結婚して一か月目に真珠湾攻撃のニュースを聞きました。長男の出産に次いで夫の出征、乳児を連れての疎開生活、息のつまりそうな、絶望的なその頃の生活の中で聞いた終戦の詔勅に、敗戦の悲しさを超えて、涙が出るほど戦争からの解放を喜んだことは決して忘れられません」

❁

嘉子は福島から川崎の両親の住まいへ戻った。だが、火薬を製造する貞雄の工場は、操業を禁じられていた。一家はたちまち困窮する。

嘉子の一人息子、芳武の記憶は、福島から川崎へ戻ってきた頃に始まる。

彼が覚えている最も古い記憶の一つが、母が口ずさんでいたあの「戦友」の歌だという。

住んでいた川崎の自宅は、父親の火薬工場の近くだったため、周囲に家はほとんどなく、草むらと土の歩道があるばかりの田舎だった。

「母に手を引かれて道を歩いていた時に、一人でよく歌っていたのです」

彼女はうつむき加減に、あの「戦友」の歌を口ずさんでいたという。手を引く大きな母の背中越しに、つぶやくような歌声が届いた。

後に生活が落ち着いてからも、何かあった時に一人だけで歌うのは、決まってこの歌だった。人前で歌う張りのある声でなく、低く抑えた歌声だった。

芳武にはもう一つ、幼い頃の記憶がある。こちらは対照的に楽しかった思い出である。同期の久米愛が、子どもを連れて嘉子のもとを何度か訪ねてきたことだった。

「久米さんは、さっぱりしてからっとした人でした。活動家で気の強い人という印象を持っている人もいましたが、そういう人ではありません。優しいんです。何度か川崎の母のところに来てくれました。私は人見知りなところがあったのですが、久米さんの娘さんが私と同じ年くらいで、一緒に遊んでくれて楽しかったことを覚えています」

苦境の時期にわざわざ川崎の自宅を訪ねてくれた同期に、嘉子は喜んだことだろう。

久米も戦時中に夫が召集され、子どもを連れて岡山に疎開していた。幸い夫は帰還するが、戦後すぐに四歳の長男を病気で失っている。岡山では周囲に気を遣いながら、畑仕事をして食糧を得ていた。似た苦労を重ねていた久米は、夫が戻らない嘉子を励ましたのだろう。

❀

母校の明治大学が授業を再開した。嘉子は再び専門部女子部で民法の講師を務めるようになった。依然として芳夫は音信不通だった。ただ、戦死の公報が届かないことから、無事に帰ってくると信じて疑わなかった。

終戦時、芳夫は戦地の中国で発病していた。このため終戦後も帰国できず、上海の病院に入院していたのである。

昭和二一（一九四六）年、芳夫はほかの病人とともにようやく帰国船に乗ることができた。乗船時には、ほかの病人の世話をするほど元気だったというが、船内で病状が悪化し、帰国した直後、長崎の陸軍病院に再び入院する。危篤だという電報が自宅に届いた。

息子の芳武は当時三歳だったが、この日のことも記憶に残っている。

「家じゅう、大騒ぎになったことを覚えているんです。結局、母が長崎に到着した時には、父はもう亡くなっていたそうです」

昭和二一年五月二三日、芳夫は死亡した。ようやく祖国の地を踏めたのに、妻子と連絡も取れないまま息を引き取った。嘉子は夫の死に目に会うこともできなかった。

弁護士の佐賀千恵美の義母の小里は、この時期、大学で嘉子の授業を受けていた。彼女は嘉子が亡くなった後のことをこう話している。

「ご主人を亡くされ、嘉子先生はひどく泣いておられました。顔をむくませて、学校に来られました。涙で顔が紫色になった人を見るのは、私は初めて。『夫が死ぬと、こんなにつらい目にあうのか。それなら、私は結婚はするまい』と思ったほどでした」

不幸はさらに続く。

昭和二二（一九四七）年一月には嘉子の母のノブが脳溢血で急死する。同じ年の一〇月には、父の貞雄も病死した。泰夫によれば、父親は肝硬変だった。

弟の一郎と夫の芳夫そして母と父。嘉子は、わずか三年で四人の肉親を失った。

泰夫はこの頃、岡山で学生だったため、下宿先にたびたび危篤や死亡を知らせる電報が届いた。そのたびに岡山から苦労して上京することになる。彼は「一時は『電報恐怖症』になりましたよ」と話す。

母と父の葬儀を終えると、嘉子を筆頭に、弟三人と一人息子の芳武の五人が残された。泰夫は岡山の旧制高校から東大、晟造は北大の学生で、もう一人の兄の輝彦は復員したばかりである。

彼女は、家族を養わなければならなかった。生活費も弟の学費も必要だった。そして何より、亡き夫が残した一人息子の芳武を育てなければならない。

いつまでも、悲しんでばかりはいられなかった。

泰夫は、岡山から帰郷した時の嘉子のたくましさに驚いている。

「一郎兄さんが生きていた時には、姉も一郎兄さんを頼っている様子がありました。ただ、一郎兄さんも芳夫さんも亡くなって、父母も死んで、おそらく覚悟を決めたのでしょう。何だか堂々としていたことを覚えています。『姉がいるから大丈夫だ』と思いましたよ」

「親父は肝臓の具合が悪く闘病していたのですが、その時から姉はもう、『私が働かなくちゃ』と言っていました」

最初に記した通り、芳武は「母は闘い続けた一生だった」と証言している。「闘い」とは、戦争が終わり、夫と家族合計四人を亡くし、残された全員を背負っていく時から始まったのだろう。

嘉子はこう記している。

「相次ぐ肉親の死に、しばらくの間私は人の身に起こる不幸というものに不感症になっていました。これ以上自分から取れるものがあるならとってみろというふて腐れた態度で、大地にあぐらをかいているような気持ちでした」

「この悲しさは他人にわかるものかと、歯を食いしばった思いでいました」

「裁判官採用願」を提出

戦争末期、明治大学女子部は明治女子専門学校となる。嘉子は戦後、専門学校の教授の職を得た。しかし弟の泰夫によれば、当時は教師の給料が安い上、激しいインフレで専門学校の授業だけでは、三人の弟と一人息子を養うことができなかったという。

嘉子は自分の稼ぎでどうやって生活していくか、悩んでいた。

普通であれば、学校で教えながら再び弁護士事務所に所属して、弁護士業を再開するのだろう。女性弁護士はまだほとんどおらず、多くの依頼者が来ることは予想できた。

だが、嘉子は弁護士業の再開を躊躇していた。本人はこう記している。

「弁護士は本当に困った人のための正義の味方だと思っていた。しかし、実務をやってみると、依頼者のために白を黒と言いくるめないといけないことがあった。その矛盾が、若い私にはとても耐えきれなかったのです。それで、弁護士を一生懸命やる気持ちが実はなかったのかもしれない。『本当に正しいことをはっきりさせる仕事をやりたい』と思っていました。それで、試験を受けたときの気持ちを思いだしたのです」

その「気持ち」とは、昭和一三年に受けた高等文官試験の光景だった。

筆記試験を通過し口頭試験が行われた日。嘉子はほかの受験生と控え室で待っていた。その部屋の壁に、裁判官と検察官の修習生にあたる「司法官試補」の採用の告示が貼り出されていた。そこには黒々と、墨でこう書かれていたという。

――日本帝國男子ニ限ル。

「筆記試験に合格して心に余裕と自信を持ったせいか、その告示を読んで、同じ試験に合格しながら、なぜ女性が除外されるのかという怒りが猛然と沸き起こってきた」

彼女は弁護士として、不当に差別された女性の力になることを考えていた。だが、その貼り紙を見た時、自分自身もまた差別されている存在だ、ということに気づいたのである。

それでも、戦争は彼女の怒りを抑圧した。女性は自分の能力を胸に押し込め、「銃後の妻」として振る舞わなければならない。それが日本の勝利のためだと信じていた。だからこそ、嘉子は大学を離れ弁護士を休業して、慣れない福島で荒れ地を耕したのだ。

だがキャリアを投げ打って尽くしたのに夫も弟も戦争で失った。父母も他界し、温かい家庭は戻らない。国からはひと言の詫びもない。

すでに前年の一一月、日本国憲法は公布された。そこには男女平等が謳われている。裁判官や検察官を男性だけにする運用に、もはや正当性はない。

――男女平等が宣言された以上、女性を裁判官に採用しないはずはない。

昭和二二年三月、嘉子は一人で霞が関の司法省へ出向いた。

そこで人事課にいきなり「裁判官採用願」を提出したのである。

受け取ったのは人事課長の石田和外（かずと）だった。東大剣道部出身で、巨漢で強面の風貌。戦前は知られた刑事裁判官で後に最高裁長官まで上り詰め、「タカ派長官」として司法の内外に名を轟かす。

その石田も、おそらく嘉子から採用願いを受け取った時は、困ったことだろう。

新憲法の施行は二か月後に迫っていた。確かに司法官の採用を男性だけに限定することは憲法違反である。裁判所が違憲呼ばわりされるのは避けたい。司法省も裁判所も検察庁も、今後女性に門戸を開く手続を整えることになるだろう。だが、嘉子は制度ができる前に「直訴」してきたのである。

人事課長の石田は東京控訴院長だった坂野千里に相談し、対応を依頼した。

坂野は東京控訴院で嘉子と面談した。

「裁判官の仕事は相当な知識と経験を必要とするもので、弁護士から裁判官になることは男でもずいぶん苦労するものだ」

こう言って、裁判官になるのはもうしばらく待つよう説得した。

「女のあなたはなおさらであろうし、初めて日本に婦人の裁判官が生まれるという画期的なことは、新しい裁判所制度の下においてこそ、検討すべきだ。自分としては、あなたが今裁判官になることには賛成できない」

当時はまだ最高裁判所ができる前だった。前身の大審院には事務総局の組織はなく、司法省が裁判官の人事を握っている。嘉子が「裁判官採用願」を裁判所ではなく司法省に持って行ったのもそのためだった。

老練な坂野はさらに「器が新しくなったときに、新しい酒をくむべきだ」と告げた。最高裁ができるまで待ちなさい、ということだった。

嘉子は坂野の言葉が悔しかった。特に「女のあなたは」という言葉に侮辱を感じた。しかし同時に「いいえ、大丈夫です。裁判官をやれます」と言い切れない自分の実力のなさが情けなかった。

坂野は採用を拒絶したわけではなかった。

「しばらく司法省の民事部で勉強してみてはどうですか」

この年の六月、嘉子は「司法省嘱託」という辞令を受ける。

❀

司法省での配属先は民事部の民法調査室だった。彼女はここで民法の改正作業を手伝う。嘉子は当時のことをこう回想している。

「戦中戦後にかけて家族を食べさすことに追われ、百姓仕事に没頭していた私は、町に降りてきた山猿のように何も分からず、与えられた机の前に座って周囲の人々の目まぐるしい動きをあっけにとられて眺めている有様でした」

新しい日本国憲法が施行されたばかりだった。これまでの民法は早急な見直しが必要になり、民法調査室が設置されたのである。

明治民法では「家」制度があり、家族は戸主による命令監督に従わなければならない。また女性は婚姻によって「無能力者」となる。重要な法律行為をするには、常に夫の同意が必要だった。

こうした規定は明らかに憲法違反であり、すぐに取り払わなければならない。

嘉子は民法調査室で、すでにほぼできあがっていた新民法の草案を読んでみた。

そこには戸主や家制度に関わる条文が削除されていた。さらには妻の無能力制度も廃止された。婚姻の自由、夫婦別産制、均分相続制度などが新たに盛り込まれていた。

どれも今では当たり前だ。だが、そこに記された内容は、嘉子には驚きだった。無機質であるはずの条文の文字が、光り輝いて見えた。新民法の草案を読んだときの感激を、彼女は生涯、忘れなかった。

「女性が家の鎖から解き放たれ、自由な人間として、スックと立ち上がったような思いがして、息をのんだものです。初めて民法の講義を聴いた時、法律上の女性の地位のあまりにも惨めなのを知って、地駄んだ踏んでくやしがっただけに、何の努力もしないでこんな素晴らしい民法ができることが夢のようでもあり、また一方、あまりにも男女平等であるために、女性にとって厳しい自覚と責任が要求されるであろうに果たして現実の日本の女性がそれに応えられるであろうかとおそれにも似た気持ちを持ったものです」

ところが、法案はスムーズに成立しなかった。当時は法律の作成にＧＨＱの承認が必要だった。ＧＨＱの法務局はあらゆる法律の改正作業に追われていて、民法まで手が回らなくなっていたのだ。しかしこのままでは新憲法が施行され、憲法違反の旧民法が存続し続けることになる。

　このため民法調査室は急きょ、一〇条足らずの「民法応急措置法」を制定した。ひとまず家督相続を廃止して、憲法違反にならないよう手当てしたのである。嘉子が担当したのは、この作業だった。

　その後、法案のままだった新民法がようやく成立し、昭和二三（一九四八）年一月から施行されることになる。

家事審判所と少年審判所

　前年の八月には最高裁判所が発足した。最高裁には事務総局（当初は事務局と呼ばれた）が作られた。嘉子は昭和二三年一月に司法省から最高裁民事局へ移った。ここで民事局の「局付」となる。

　この局付ポストは現在も脈々と続いている。同期の中でも出世候補とされる若手判事補が就任する。いわゆる裁判官ポストであった。坂野は決して嘉子を冷遇したわけではなかったのである。

　彼女自身は最高裁発足後も、現場の裁判官になれなかったことに不満を感じていた。しかし、事務の仕事をさせられたことで、結果として戦後の新しい法律と、家庭裁判所の誕生に立ち会っていくことになる。

　それは、嘉子にとって得がたい経験となった。

　民事局では家事調停などを定めた家事審判法の制定に加わっている。この作業も新しい憲法に基づくものだった。

　家事調停は昭和一四（一九三九）年に始まっている。制度としては戦前から継続していた。しかし内容は現代と大きく異なる。たとえば戦前の人事調停法にはこう書かれている。

　――調停ハ道義ニ本ヅキ温情ヲ以テ事件ヲ解決スルコトヲ以テ其ノ本旨トス。

　調停に基づくのはあくまでも「道義」と書かれている。

　当時の司法省民事局長の大森洪太は、婦人向け雑誌で堂々とこう話している。

「いくら家庭的な争いでも、日本の美しい家族制度に反するようなわがままな申し立ては調停してもらえません」

　戦前の調停委員の回想では、離婚調停の際、子どもは「家」のものであり、基本的には男性が引き取った。その結果、涙ながらに子どもと引き離される女性たちが、後を絶たなかったという

　これに対して、戦後の家事審判法には、法律の目的がこう書かれている。

　――この法律は、個人の尊厳と両性の本質的平等を基本として、家庭の平和と健全な親族共同生活の維持を図ることを目的とする。

　明らかに新憲法を意識していた。調停は戦前から続く制度であるため、連続性を強調する意見もある。しかし一見同じ調停でも、その内容は「道義に基づく」か「個人の尊厳と両性の平等」か。根幹が大きく異なっていたのだ。

戦前の人事調停は特に戦争が始まってからは年間五〜六〇〇〇件前後にとどまっていた。これに対し、戦後の昭和二三年には家事調停が三二〇〇〇件あまりに急増している。

新たな調停は、昭和二三年に作られた「家事審判所」という組織で行われた。ただ、どこにも独立した庁舎はなく、地方裁判所の一室を使っていた。

最も大きい東京家事審判所すら、東京弁護士会の講堂を借りていた。講堂の壁に向かって机を並べ、そこで審判も調停もしていた。離婚や子どもの認知など、他人に聞かれたくない話も隣に筒抜けだった。

中には大部屋で怒鳴り合いのけんかも始まる。ある調停委員の回想では、話し合いの途中で激高した夫が胴巻きから出刃包丁を取り出し、いきなり机に突き刺したという。講堂の中にいた全員が飛び上がって、大慌てで逃げ出す一幕もあった。

❀

当時の厚生省が昭和二三年に行った、戦災孤児の全国調査がある。

それによると、全国の戦災孤児数は一二万三五一一人である。最多は広島県の五九七五人、次いで兵庫県の五九七〇人、東京の五八三〇人である。広島県が最も多いのは、おそらく「原爆孤児」のためだろう。東京が多いのは、東北などから疎開中に父母が亡くなり、身寄りをなくした子どもたちが多かったためとみられる。

このデータも正確ではない。孤児の数のうち「保護者なくして独立して生活を営むもの」つまり浮浪児などを想定した数字が、最多の広島県では空欄になっている。東京もわずか二六六人。いずれも実態を反映していない。孤児の数はさらに多かったはずだ。

少年による事件も急増していた。

終戦からしばらくの間、食糧や生活物資の不足は慢性的だった。経済は混乱状態に陥っている。加えて敗戦によって社会の規範や秩序は崩壊していた。その中で少年の多くは、生きるために盗みを繰り返していたのだ。ヤミ市などをうろつき、盗まなければ生きていけなかった。

警察庁によれば少年の刑法犯の検挙者数は昭和二一年でおよそ一〇万人に上った。その約八割が窃盗である。

少年事件の審判や保護を行う施設として、戦前から「少年審判所」という組織が存在した。

しかし、少年審判所は今と違って行政機関という扱いの上、終戦時でも全国にたった一八か所しかなかった。管轄外の少年が事件を起こしても、少年審判を受けさせることはできない。

しかも少年を収容する施設が、圧倒的に不足していた。

たとえば東京の多摩少年院の記録を見ると、終戦直後は定員四〇人の施設に一二〇人から一三〇人の少年が押し込められている。

食糧も足りなかった。多摩少年院の昭和二一年当時の献立は、朝が味噌汁と漬け菜。昼は豆飯もしくは煮込み、おでん、煮豆、鉄火味噌。夜は豆飯、すまし汁、豆汁、煮しめ。主食の配給量は一日二合一勺で、一食は茶碗一杯と少ししかない。

警備の職員は、少年の監視より食糧倉庫の盗難防止が優先だったという。ひもじさから、少年たちは相次いで少年院を脱走した。だが彼らには行き場がない。再び路上に戻り、盗みで生きていくしかなかった。

つまり、「家事」も「少年」も当時の対応はあまりに貧弱だったのだ。

❀

昭和二三年のいつのことか、時期ははっきりしない。嘉子の回想によると、この頃、最高裁民事局の中である会議が開かれた。

そこで「家庭裁判所」についての話が出たという。

彼女には初めて聞く名前だったと思われる。アメリカには「ファミリー・コート」と呼ばれる裁判所があること。家事部と少年部が一緒になって家庭に関する問題を一手に引き受けていることなどの説明を受けた。会議ではその上で、今の審判所のままにすべきか、家庭裁判所を作るべきかが議論されたという。

「少年裁判所と家事審判所に分かれて、いくつも裁判所があるのはまずいだろう」

「アメリカの例があるのだから、日本もそれを追っていくのだろう」

議論の結果、「最高裁民事局は家庭裁判所の設置に賛成」で一致した。会議で反対する人はいなかったという。

嘉子も賛成した。彼女は裁判所に「家庭」の名が付くことが気に入った。「家庭」ということは、女性や子どものための裁判所ができるのではないか。自分が弁護士として目指した思いが、実現できるのではないかと思ったのである。

明治大学で教え子だった篠田智恵子は、家庭裁判所ができることを、嘉子から直接聞いている。

嘉子は、授業の合間に、今度家庭裁判所という新しい裁判所ができるの、と満面の笑みを見せた。そして、両手を広げてこう言ったという。

「家庭裁判所ができたら、きっと、素晴らしい時代が始まるのよ」

篠田は、この時の嘉子の笑顔を生涯忘れなかった。

家庭裁判所の誕生

昭和二四年一月一日、全国四九か所に家庭裁判所が作られた。沖縄県を除く各都道府県庁所在地と北海道の函館、旭川、釧路である。そして最高裁判所事務総局には司令塔となる家庭局が新設された。

当時の最高裁判所は法務庁（昭和二三年に司法省から名称変更、翌年六月には法務府となる）の隣に並んで建つ、よく似た赤れんがの建物である。空襲で全焼した大審院の建物を改修して使っていた。外観こそ重厚だが部屋のあちこちが隙間だらけで焼け焦げた跡もそのまま。内側の一部はベニヤ板を張っただけで、冬は冷たい風が吹き込んだ。職員はコートを着込んで執務していた。

「家庭局局付」という新たな辞令を受けた嘉子は、正月明けの一月四日、このおんぼろ最高裁の四階建ての「五階」という不思議な場所へ出勤した。

五階というのは、そこが屋根裏に作ら

れた「ほこら」のような部屋だったからだ。天井は斜めで隙間風が特にひどい。そこが、最高裁の「新参部局」である家庭局の部屋だった。

初代の家庭局メンバーのうち、主な職員は次の人々である。

家庭局長　宇田川潤四郎
第一課長　市川四郎（第二課長兼務）
　後に東京高裁長官
第三課長　内藤文質　後に弁護士、東洋大学教授
事務官（局付）　柏木千秋　後に名古屋大学教授
事務官（局付）　森田宗一　後に第三課長、弁護士
事務官（局付）　和田嘉子（三淵）

中心は家庭局長の宇田川潤四郎である。七三に分けた硬そうな髪とちょび髭、丸い頬がユーモラスな印象を与える。

宇田川は演説が巧みで、その熱弁は「宇田川節」と呼ばれた。人を惹きつけ仲間にしていく才能があった。前例や規律にとらわれない天衣無縫なアイデアマンでもある。戦後初めてできた家庭裁判所を全国に根付かせていくためには、うってつけの人材だった。

第一課長の市川四郎は、反対に静かで穏やかな人柄だった。少年審判所出身の宇田川に対して、市川は司法省民事局の勤務が長い。相続など家事事件が専門で、事務処理能力に優れている。放っておくと遠くへ飛び出しそうになる上司の宇田川を後ろから支えていった。

市川は部下だった嘉子のことを「わたくしの頭に深く刻みつけられているイメージは、いつも初々しい万年お嬢様といった感じである」と回想している。

「もちろん、現実に見た三淵さんはいわゆるお嬢様的存在とはほど遠く、過去に多くの困難苦労を克服してわが国最初の女性裁判官として、あるいは女性法曹の先達として、多大の功績を残された婦人にふさわしい鋭い感覚、卓抜した見識の持ち主であった」

同じ家庭局に勤務していた八島俊夫は、嘉子が毎日大きな風呂敷を持って家庭局に通勤してきたことを覚えている。

「当時、小さな子どもさんをかかえての生活は大変だったようですが、そんなそぶりは、言葉にも態度にも何一つ現されることなく、あの可愛いえくぼのある丸ぽちゃの顔に、いつも微笑みをたたえながらよく動いておられました。私たちは、よき上司、すばらしい先輩としてだけでなく、その人柄に身近な親しみを持って接しており、『和田さん』『和田さん』と、自然な形で呼んでおりました」

嘉子が家庭局に異動した直後の昭和二四年一月一二日に、最高裁判所で全国の長官や所長が集まる会同が開かれた。三日間の議題の多くは、発足からわずか一〇日あまりの家庭裁判所に関する内容だった。

全国の裁判所は戦災による大きな痛手を受けていた。全国に五二あった地方裁判所のうち、空襲によって一九が全焼あるいは全壊している。建物は破壊を免れても、横浜地裁のように連合国軍に長く

接収され、戦犯裁判に使われたところもあった。

終戦から三年あまりが経過していたが、空襲で壊れた建物をそのまま使っている裁判所や、別の建物を間借りして看板をぶら下げただけの裁判所も多かった。そもそも最高裁も最初は枢密院の建物を使い、その後は全焼した大審院を大急ぎで修理して使っている状態である。

そこへ新しい裁判所を全国四九か所に作るのは難事業だった。GHQの力で予算はついたが、新しい建物を持っているところなど皆無である。結局ほとんどは地方裁判所の一部を使っていた。

この会同で初代家庭局長の宇田川は、「家庭裁判所の五性格」と呼ばれる基本理念を、全国の長官や所長の前で発表している。

「従来の地方裁判所から独立した裁判所となる『独立的性格』」
「真に親しみのある国民の裁判所としての『民主的性格』」
「家事審判、少年審判とも科学的処理を推進する『科学的性格』」
「真摯な教育者としての自覚を持たなければならない『教育的性格』」
「各種機関との緊密な連携を保つ『社会的性格』」

宇田川が掲げた理念は、戦前の裁判所とは大きくかけ離れていた。

明治憲法では「司法権ハ天皇ノ名ニ於テ法律ニ依リ裁判所之ヲ行フ」とされていた。当時の裁判官の中には自分たちを「天皇に忠誠な官吏」「結局国家秩序の擁護に任ずる者」と考える者もいたという。

彼らにとっては、「親しみある国民の裁判所」はあり得ないし、司法官は「真摯な教育者」ではなかった。福祉機関や教育機関と積極的に連携することにも「裁判所は行政や学校ではない」という声が上がった。

当時の幹部の中には「何で裁判所が外部の人間と一緒に仕事をしなければならないのだ」「家庭裁判所など潰してしまえ」とまで公言する者もいたという。

宇田川はこうした声があることも知りながら、あえて正面から新たな裁判所像を掲げている。彼の「家庭裁判所の五性格」は特に発足後一〇年ほどの間、基本理念として各種資料で繰り返し引用されている。

この会同の出席者名簿には、事務局として嘉子の名前もある。彼女もまた、家庭裁判所の仕事が、こうした大きな理念に裏打ちされていることを、出席者とともに知ったのだろう。

❁

家庭裁判所の前身の一つ、少年審判所は行政機関だったため、裁判官も職員も少年への審判というものをほとんど経験したことがない。当時は参考書もないため、最高裁家庭局のメンバーたちが交代で全国の家庭裁判所を回って説明会を開いた。ある家庭裁判所は、職員たちがそれぞれ筆で新しい少年法を書き写すところから始めたという。全国から問い合わせも多く、慌ただしい毎日だった。

それでも、家庭局の中は活気にあふれていた。

局長の宇田川は、新しいアイデアがあると身を乗り出すように聞いた。金も物もない中で、全国の家庭裁判所を整備していかなければならない。知恵を絞るほかなかった。

家庭局の初代メンバーらは昭和五七（一九八二）年の座談会（本書第4部に収録）で、当時の家庭局が自由な雰囲気にあふれ、裁判官も事務官も雇（やとい）も、ほとんど対等に議論をしていたと話す。職種の区別なく仲が良かったのは、局長の宇田川のキャラクターに負うところが大きいのだろう。

「おお、いいねェ」

ちょび髭の宇田川は、そう言ってにこにこしながら職員の意見を喜んだという。部下たちは、彼の言葉と笑顔を印象深く覚えている。褒めるというよりも「ノセる」感じだろうか。上司に喜ばれると単純にうれしい。自然に家庭局は議論が活発でにぎやかな部屋になった。

嘉子は前述の座談会でも「家庭裁判所草創期の情熱というのは、宇田川さんが家裁関係の人に吹き込んだと思います」と話している。

ちなみに宇田川は、新しい取り組みや制度の全体像を考える時には目を輝かせるが、会議で細かい法律論が始まると、居眠りを始めてしまう。新たな制度のうち、全体の風呂敷は宇田川が広げ、細部の詰めは一課長の市川が担った。「名コンビ」と呼ばれた。

おそらく市川としては困ったことも多かったろう。それでも彼は優しい人柄で、一度も自分の上司を悪く言うことはなかった。宇田川の居眠りも「局長の妙技」と表現している。

❀

宇田川が実現させた新たな制度は数多い。当事者が仕事の後に参加できるよう「夜間調停」を開いたり、家事相談に応じる窓口を各地に作ったりした。東京など大規模な家庭裁判所の中に「医務室」を作り、精神科の医師を配置して少年事件や家庭トラブルの背景を探った。

発足間もない七月には「新少年調査票」が作られた。少年の家庭環境、生活実態など四七の項目にわたって細かく評定できるようになっている。

さらに定期刊行の雑誌を二種類も作っている。

雑誌を作ったのは、家庭裁判所が審判も調停も非公開で、地裁の判決文のように決定内容が公開されることもなかったためだ。ノウハウを共有する機会も乏しい。特に人口の少ない家裁では多様な事例を扱う機会が少なかった。雑誌では裁判官、調査官、調停委員、時には少年鑑別所の職員や少年院の教官なども参加して、座談会を開き議論をそのまま掲載している。テーマは少年事件や離婚などの事例である。関係機関で知恵を出しあい、共有しようという狙いだった。いずれも地裁や高裁では見られない、独自の取り組みである。

こうした矢継ぎ早の新制度は、天井の傾いた「ほこら」のような最高裁家庭局の部屋で生まれたのである。

❀

最高裁の中には新参者の家庭局を軽んじる者もいた。

矢継ぎ早の取り組みを異端と見なし、冷ややかな反応もあった。嘉子は当時を振り返って「最高裁事務総局の中では、宇田川さんを理解している人は本当に少なかった」と話している。

理解者もいた。初代最高裁長官の三淵忠彦と、秘書課長の内藤頼博だった。

三淵忠彦は旧会津藩士の家に生まれる。伯父は戊辰戦争の責任を取って刑死した旧会津藩家老の萱野権兵衛である。裁判官を四〇代で退官して弁護士となっていたが、戦後の司法の再出発によって担ぎ出され、初代最高裁長官となった。

忠彦は病気がちで痩身だったが、常に背筋が伸びて会津藩士の風格を感じさせた。長官就任後の昭和二三年の秋には倒れて入院する。だが退院直後の昭和二四年六月には、病身をおして家事審判官会同に出席した。全国から集まった、家庭裁判所の裁判官たちを激励している。

「家庭裁判所が物的並びに人的の機構を整備して、速やかにその使命を達するに必要な態勢を確立することの急務であることはもちろんでありますが、現実の事務運営にあたって、その理想を具現し、国民の期待に添うためには諸君の熱心な創意と工夫に待つべきものが多々存すると思うのであります」

この時期の忠彦は、会議の場でたびたび「新憲法の下で司法は国民を守る存在に」と呼びかけていた。忠彦が、家庭裁判所がその理想を実現する組織だと考えていたことがわかる。

この家事審判官会同には、嘉子も参加していた。彼女はどのような思いで、忠彦の言葉を聞いたのだろうか。

❀

もう一人の理解者、秘書課長の内藤頼博は、太平洋戦争の直前、昭和一五年に司法省の命を受けて、アメリカの家庭裁判所を視察している。その後開戦となったため、アメリカの家裁を見た司法官はほとんどいない。家庭裁判所の実情を知る、当時としては数少ない最高裁幹部だった。

彼は旧信州高遠藩主の内藤家当主であり、戦前は子爵でもあった。爵位を持つ唯一の裁判官で、ついたあだ名は「殿様判事」。一七五センチと当時としては長身で、写真を見ると高い鼻に目もと涼しげな、役者のような二枚目である。

内藤と家庭局長の宇田川は仲が良かった。宇田川の自宅にはたびたび内藤が訪れ、二人で家庭裁判所のあるべき姿を語り合っていたという。特に初期の取り組みは、多くは開戦直前に内藤が見てきた、アメリカの家庭裁判所がモデルとなっている。

できたばかりの家庭裁判所には、戦争で被害を受けた多くの人々が訪ねてきた。

設立時の昭和二四年一月から四月末まで四か月間の統計がある。

当時は戦死した親の遺児を、養子として引き取る事例が相次いでいた。「養子の許可」は二万五九〇〇件に上った。外地で生死不明の人や本籍を失った人も多い。「失踪宣告」や「就籍」も家庭裁判所の業務である。

全国の裁判所の掲示板にはしばらくの間、失踪宣告の公示催告が大量に張り出されていたという。その多くが、戦争で

●霞ヶ関に誕生した東京家庭裁判所初代庁舎

生死不明になった人の親族が申し立てたものだった。

旧民法では母親は親権者にもなれなかった。しかし民法が変わって男女平等になり、子を連れて夫の家を出たい女性が、駆け込み寺のように家庭裁判所を頼った。離婚などによる「子の氏の変更」は、わずか四か月で二万件に上った。

そして、多くの戦災孤児が、街で浮浪児になっていた。

家庭裁判所に身柄が送られてくると、職員たちは市町村役場に問い合わせて親や親族を捜している。見つからなければ、福祉施設や補導委託先を探し、引き取ってもらった。年齢が低ければ児童相談所に移送した。家裁の人たちは、何とかして孤児たちを救おうとしていたのである。

助けの必要な人々を前に、職員たちは大忙しだった。外部との連携を批判する声など相手にしている暇はない。各機関と協力しなければ、大量の孤児たちの行き場を決めることはできなかったのである。当時の職員たちの信条は「懇切、丁寧、なごやか」だったという。

従来の裁判所らしくない取り組みは、研究者の目にも新鮮に映ったようだ。最高裁家庭局には、東大教授になって間もない団藤重光がたびたび訪れた。後にやはり東大教授になる松尾浩也も、助手の頃から家庭裁判所に出入りしている。

家庭局長の宇田川は外から人が来ることを歓迎し、身を乗り出すようにして意見を聞いた。局長がこういう性格のため、少年鑑別所や少年院などからも、職員が次々と新しくできた家庭裁判所へやってきた。

家庭裁判所は、さまざまな人々や組織と積極的に連携し、手を取り合うことで、戦争で傷ついた人たちの再出発を、後押ししていたのである。

❀

夜になると、最高裁家庭局の中でささやかな懇親会も開かれた。

物のない時代であったが、職員たちは焼酎を分け合い、時には第一課長の市川四郎が、どこからかウイスキーを調達してくることもあった。

昭和二〇年代に職員だったOBによれば、少年法の説明会で各地の家庭裁判所に出張するたび、当地の珍味を買って帰ったという。夜には干物などをあぶりつつ談笑した。

嘉子もよく参加した。家庭局は最上階の屋根裏部屋。しかも隙間だらけである。室内に煙が上がっても階下には露見しない。これ幸いと家庭局の中では七輪を持ち込んで、焼きものから煮炊きまで行われた。

当時は娯楽も少なく、懇親会の楽しみは、交代で歌を歌うことだったという。当時を知る職員は、多くが嘉子の歌声を回想している。

「懇親会などの後の余興として何度か聴かせていただく機会があったが、その歌は大抵いつも〝リンゴの唄〟か〝アモンパパの歌（モン・パパ）〟のいずれかであったように思う。三淵さんがあの丸いにこやかな顔で歌う〝リンゴの唄〟は本当に紅いリンゴそのもののように愛らしく楽しく、皆が自然に手をたたいて唱和するように会の雰囲気を盛り上げるのが常であった。

その反対に、〝アモンパパの歌〟の場合は、いくらか哀調を帯びた三淵さんの声で歌われると、主人公のパパがいかにも哀れに聴こえて、特に一番最後の〝パパの一番大きなものは靴下の破れ穴〟というところになると、わたくしなどはその都度シンミリした気持ちで、まぶたの裏が熱くなったのを覚えていていつまでも忘れることができない」（市川四郎）

●東京家庭裁判所の玄関ホール

❀

昭和二四年四月。待望だった東京家庭裁判所の建物が完成した。全国で初めての独立庁舎である。

現在の飯野ビルの交差点の斜め向かい、人事院がある場所で、戦前は海軍軍令部長官邸の敷地であった。

できあがった建物は、霞が関の中では異色だった。木造二階建てで八八〇坪。中心部には塔屋が設置されている。敷地には花壇があって、正面の入り口脇にはタイル張りの噴水も作られている。裁判所というより、小学校の校舎に近い。

入ってすぐの部屋は市民からの相談室になっている。各部屋には大きな窓が設けられ、明るい作りになっている。中央には中庭があった。誰が持ってきたのか、一時はニワトリも放し飼いにされていた。

それまで裁判所といえば、入り口には門番が立ち、室内は暗く物々しかった。法廷に窓はなく明かりは乏しくいつも暗い。こうした旧来の裁判所とは大きく異なる造りは、親しみやすさを感じてもらうためだった。後には正面玄関前にブロンズ像「母子像」も設置された。戦争で母親の愛を知らない子どもたちの、幸せを願う気持ちが込められている。

嘉子は、この建物の落成式に宇田川はじめ家庭局のメンバーと同席している。ようやく「理想の裁判所」が現実の姿を見せたことに、家庭局の職員たちと喜んだことだろう。

東京家裁の新庁舎落成に合わせて、家庭裁判所を宣伝する「家庭裁判普及会」が作られた。昭和二四年四月には、全国で創設記念週間が企画された。

嘉子はその事務局を担当する。普及会にはこのほかに嘉子の同期の久米愛も選ばれている。

❀

家庭裁判所の標語は、「家庭に光を少年に愛を」に決まった。

ポスターが一〇万枚作られ、ハンドブックとなる「家庭裁判所のしおり」も五万部印刷された。創設記念週間には、全国の家庭裁判所で無料相談や幻灯フィルムの映写会、市町村公民館での説明会などが行われている。

東京では日本橋三越本店、銀座三越、上野松坂屋などで家庭裁判所の出張家庭相談も行われた。裁判所が百貨店まで出向いて出張相談を行うのは、戦前では考えられないことだった。

四月二一日には東京のよみうりホールで記念の催しが開かれた。

講演を行ったのは明治大学の恩師、穂積重遠である。穂積はこの年、最高裁判所判事に就任していた。

講演で穂積は、完成した東京家裁の建物について言及している。

「アメリカ家庭裁判所の建て方の理想として、入り口に段々をつけないようにしたい、とあります。いわゆる敷居を高くせず、敷居を感じさせないで入れるようにというのです。

今度の建物の入り口には幾段かの階段はありますけれども、ごく気軽く上がれる段々でありますから、あれを上がってまず相談室をたたいてください。そして家庭裁判所を大いに利用していただきたいと思います」

穂積が望んだとおり、毎朝、開庁時間になると、東京家庭裁判所の入り口には、女性が列を作った。

「法律のひろば」という当時の法務庁が編集する雑誌がある。昭和二四年四月号で、嘉子は自らスタートしたばかりの家庭裁判所を紹介する文章を書いている。

タイトルは「愛の裁判所」である。

「家庭裁判所は『家庭に光を、少年に愛を』というモットーを持ち、冷たい厳正な今までの裁判所とは全然性質を異にした、新しい性格の裁判所なのです」

「家庭裁判所は、敗戦によって思想は混乱し、国民道徳はたい廃して、家庭が破壊され、犯罪少年が激増している現代の日本において、明るい家庭の建設と不良少年の保護善導を目的として生まれた裁判所で、その活動はもちろん法律の定めた枠から出ることはできませんが、その目的は法律の擁護以上により建設的な社会的なものをもっています」

そして嘉子は、家庭裁判所をこう呼んでいる。

「いま、地方裁判所を『正義の裁判所』とすれば、家庭裁判所は『愛の裁判所』ということができませう」

女性法律家のすすむ道

昭和二五（一九五〇）年五月一二日、嘉子はアメリカへ向かった。日本の法曹界を代表して、先進地の家庭裁判所を視察するためだった。

一緒に参加したのは、大阪家庭裁判所の初代専任所長の稲田得三と、最高裁家庭局付だった佐藤昌彦の二人である。

実子の和田芳武は、母が渡米した時のことをこう話す。

「戦争が終わってまだ五年でしょう。それで渡米することになったから、みんな驚きました。当時は海外に行くことも自由ではなかったですし、少し前まで戦争していたアメリカです。私は武藤の家にしばらく預けられることになりました」

当時は横浜から船で出発した。芳武と武藤家の家族で見送ったという。アメリカまで一〇日間かかった。

帰国後に最高裁で開かれた報告会と、同年に会同で発表された記録が残っている。それによると、三人はまずシアトルで家庭裁判所の少年部と家事部を訪ね、続いてニューヨークで二六日間にわたって家庭裁判所と保護観察所を見学した。それからワシントンへ移って一二日間滞在し、少年院やFBIの鑑識部などを訪問。さらにシカゴ、ロサンゼルス、サンフランシスコと回った。

稲田と佐藤は八月三日に帰国したが、船が貨物船だったため女性は乗ることができず、嘉子は一人残されることになった。彼女が帰国したのは八月二三日。三か月あまりの旅であった。

この間、ワシントンにいた六月には朝鮮戦争が始まる。アメリカ社会はやや騒然としていた。

三人は、太平洋戦争で使われたB29が、再び飛び立つ様子を伝える新聞記事を見ている。つい数年前まで日本各地に焼夷弾を落とした爆撃機が、今度は隣の朝鮮半島へ向かうのである。おそらく複雑な思いを抱いただろう。

それでも三人は、日本が制度のお手本にしたアメリカの家庭裁判所をできる限り吸収しようとしていた。

一番年長の稲田は「我々三人は、その日見てきたこと聞いてきたことを少しでも多く身につけようというので、毎晩遅くまで論じ合い、ずいぶん努力しました」と語っている。

嘉子はここで何を感じたのだろうか。

自身が語り残した内容によれば、嘉子は何人もの女性裁判官の活躍を見ている。そのうち一人は、ニューヨーク市のマンハッタンにある家庭裁判所のクロスという女性だった。比較的軽微な家庭の紛争を解決するため、試験的に設けられていた。彼女はここでたった一人の判事だった。

女性が一人で裁判所を任されていることが、まず嘉子には驚きだった。しかもクロス判事は事件の処理だけでなく庁舎の管理まで一人で担当していた。さらに裁判所の費用をまかなうため、自ら寄付活動もしていた。

裁判所の中には託児所もあった。女性が子どもを連れて裁判所に来た際、法廷に出ている間子どもを預かってもらうことができる。寝室もあれば食堂もある。

充実した施設に嘉子は目をみはった。

「Courtというより、それは一つの社会事業という考え方であります。私はまたそういう女のJudgeの意見を採り上げて試験的にやらせたというアメリカの人たちのやり方に驚異の目をみはったのであります」

❀

帰国して間もない昭和二五年九月。嘉子はGHQから連絡を受ける。

相手は法務部のメアリー・イースタリングという女性弁護士だった。彼女に呼ばれて日比谷の富国ビルに入っているGHQ法務部を訪ねると、そこには数人の女性法律家がすでに集まっていた。同期の久米愛もいた。

イースタリングは「アメリカには女性の法律家の団体がある。日本でも女性法律家の組織を作らないか」と持ちかけた。

日本にはこの時、何人の女性法律家がいたのだろう。戦前の高等試験司法科に合格したのは九人。この前年の昭和二三年まででも合計一六人しかいない。お互い顔見知りである。

全員が二〇代と三〇代。

声をかけたところ、在京の法律家はほぼ全員が集まった。弁護士は久米愛。裁判官は嘉子と石渡(いしわた)満子、それに嘉子を追ってこの年の五月に裁判官になったばかりの野田愛子。検事は門上(かどがみ)千恵子、研究者は立石芳枝などである。彼女たちは最高裁の食堂に集まって、規約を考えた。人数が少なく互いに若いため、電話一本ですぐに集まることができた。もう一人の同期である中田正子は鳥取にいたため、この会合には参加できていない。

こうしてGHQに接収されていた第一ホテルで「日本婦人法律家協会」が発足した。嘉子の回想によると最初の会員はたった九人(一一人とする記述等もある)。初代会長は久米、副会長は嘉子が務めることになった。書記は任官間もない野田愛子になった。「協会」といっても、当初は若い女性たちの交流の場であった。

イースタリングは、日本婦人法律家協会を国際婦人法律家連盟のアメリカ本部に加盟させた。この結果、国連に団体の代表が出席できる国連NGOの資格を得ることができた。

翌昭和二六(一九五一)年にはアメリカのローザリンド・ベーツ会長以下一五人の女性法律家が来日した。国際婦人法律家連盟の予備会議という位置づけだった。

一行の中には連邦高等裁判所のフローレンス・アレン判事もいた。まだ若手しかいない日本の女性法律家たちは、アメリカ司法の中枢で活躍するベテラン女性判事を、緊張と興奮がない交ぜになった表情で出迎えている。

来日を記念して、日比谷公会堂では「講演と映画の会」も開かれた。これは久米と嘉子が中心となり、若い女性法律家たちが自分で企画した催しだった。アレン判事らの講演に加えて、最高裁家庭局長の宇田川潤四郎も「日本における少年問題」と題して講演を行っている。映画は検察官と弁護士の夫婦によるコメディー「アダム氏とマダム」だった。

日本婦人法律家協会は、現在も「日本女性法律家協会」として活動を続けている。一〇人ほどでスタートした会員数は、七〇年を過ぎた現在、九〇〇〇人を超えている。

❁

同じ頃、最高裁長官を囲む座談会がNHKで開かれた。

会の中心にいたのは、三淵忠彦ではない。忠彦は病気のまま定年退官し、その後任として二代目最高裁長官に就任した田中耕太郎である。

座談会には、女性法律家の代表として嘉子も呼ばれていた。自身の回想によれば、ここで新長官の田中がこう述べた。

「女性の裁判官は女性本来の特性から見て家庭裁判所裁判官がふさわしい」

三淵にとって聞き捨てならない内容だった。彼女はその場で反論した。

「家庭裁判所裁判官の適性があるかどうかは個人の特性によるもので、男女の別で決められるものではありません」

——最高裁長官がこのように考えるようでは、大変なことになる。

嘉子は警戒した。彼女自身、新憲法下で家事審判法の制定に携わり、家庭裁判所の創設にも加わった。さらに日本の裁判官の代表として、アメリカの家庭裁判所を視察してきたばかりである。

田中が、嘉子を創設間もない家庭裁判所の専門家に育てようと考えていたのは、容易に想像できる。彼女もその仕事にやりがいを感じていたし、女性や子どもの役に立ちたいという志にも一致している。

だが嘉子は、後に続く後輩の女性裁判官たちのことを考えずにはいられなかった。このまま自分が家庭裁判所への道を歩んでしまうと、女性裁判官の道筋が固められてしまうのではないかと危惧を抱いたのである。

「先輩の私が家庭裁判所にいけば、きっと次々と後輩の女性裁判官が家庭裁判所に送り込まれることになろう」

女性裁判官の「お決まりのルート」にされてはたまらない、と考えたのである。

彼女は「まず法律によって事件を解決することを基本とする訴訟事件を扱う裁判官としての修業を十分に積もう」と考えた。

そして、自身の次の異動先として、家庭裁判所を希望しなかった。

東京地裁の裁判官に

嘉子は昭和二四年八月に、東京地方裁判所に異動した。裁判官の黒い法服に初めて袖を通すことになる。

自身は昭和五七年の座談会で「家・地裁へ」異動したとも述べている。兼務という意味だと思われる。家庭局勤務の経験もあるため、人手不足から家裁の業務も一部を担っていたのではないかとも考えられるが、この点ははっきりしない。ただ、彼女自身の席は、東京地方裁判所の民事六部に置かれた。

当時の民事六部の裁判長（まだ東京地裁に「部総括」という肩書きはなかった）は「大人（たいじん）」「博学の良識派」と呼ばれた近藤完爾だった。左陪席は小林哲郎のち倉田卓次。嘉子は右陪席だった。

嘉子、倉田ともに判事補だが、嘉子は弁護士時代のキャリアも合算されていたため中堅として扱われていた。ただし、彼女は出産と戦争によって弁護士業務を長く休止し、戦後も司法省や最高裁で働いていたため実務経験は短い。倉田もまだ任官したばかりである。裁判長一人に経験不足の判事補二人という三人だけの部だった。

裁判長の近藤は当時四一歳。まさに脂ののった時期で、裁判長として多種多様な争いを処理しつつ、実務上の論文や著作を数多く発表し、全国の裁判官に広く知られた存在だった。

その近藤が着任してきた嘉子に初めて告げたのは、「あなたが女であるからといって特別扱いはしませんよ」という言葉だったという。

厳しく聞こえるが、嘉子はこれを当然と受け止めた。「女性であることを理由に個別の事件で特別扱いを受けたくない」と考えていたのである。

「初めて女性裁判官を受け入れる側には女性に対するいたわりからか、たとえばやくざの殺人事件や強姦事件などを女性裁判官に担当させることははばかられるという気分があって、女性裁判官は男性裁判官と同じようには扱えないと思うようであった。従来の女性観からいえば無理のないことかもしれない。しかし、どんなに残酷な殺しの場面でも、またしゅう恥心を覚えるようなセックスの光景でもいったん職務となれば感情を乗り越えて事実を把握しなければ、一人前の裁判官ではない。女性裁判官は当然のことと考えていたにもかかわらず、周囲がうろたえていたように思う」

嘉子は、さらに自問するようにこう記している。

「女性が職場において十分に活躍できない原因の一つに、男性側の女性への優しいいたわりからくる特別扱いがある。裁判官のみならず検察官、弁護士の場合でも女性に対しては初期の頃は男性側が必要以上にいたわりの心遣いをし、それが女性法曹を扱い難いと思わせていたのではなかろうか」

「職場における女性に対しては、女であることに甘えるなと言いたいし、また男性に対しては職場において女性を甘えさしてくれるなと言いたい」

戦前、弁護士として活動していた時には、女性は弱い立場であり嘉子は女性の味方であると自負していた。戦争を経て、新憲法によって形の上ではあるものの、男女は平等となった。

だが、裁判所という「男社会の現場」に入ってからは、女性に対する「いたわり」という名の特別扱いが、女性を縛りつけていると気づいたのである。男性からすればそれは善意なのかもしれない。だが嘉子はそれが差別の根源だと考えていた。さらに彼女のいらだちは、その「特別扱い」を受け入れる女性にも向いていた。

「ファーストオブエブリシング」という言葉がある。そのとおり、何をやっても「女性初」という称号が嘉子の生涯にはついて回った。後ろには数多くの後輩が連なり、自分の歩みを見られている。彼女は背後の視線を感じざるを得なかったのだろう。日本婦人法律家協会の座談会でも「私などは『三淵個人』より『三淵判事』ということを考えなければならないと絶えず思ってきた」と語っている。

男女平等は戦後も長く形式と実態のかい離が大きく、嘉子はその差を埋めるべく活動するだけでなく、常に自らを律していたことがわかる。新憲法によって名目上の平等が実現したことは彼女の思いをむしろ深化させていき、やがて男女ではなく一人の人間として同じように扱われることも望んでいったのではないか。嘉子は、初対面の自分に「特別扱いしない」と断言した裁判長の近藤について、「私の裁判官生活を通じて最も尊敬した裁判官であった」と回想している。

❀

嘉子が勤務していた昭和二〇年代後半の東京地裁民事部は、全部で二一部。商事部や労働部などを除いた通常部は、裁判官はどこも、一つの部にたった三人しかいなかった。

加えて部屋も足りなかった。

民事六部の部屋は民事五部と共有である。部屋は建物の三階、日比谷公園に面した北の端にあった。月曜日から土曜日のうち週三日が開廷日で、民事六部の法廷が開かれない日が、民事五部の開廷日だった。机も椅子も二つの部で共用しているため、法廷の開かれない「裏日」に出勤しても、机は民事五部の裁判官が使っている。物理的に週三日しか仕事ができなかった。

このため出勤は週三日で、ほかの三日は「宅調」といって自宅で作業をする日だった。これは母子二人暮らしの嘉子には好都合だった。毎日通勤していた最高裁時代に比べると、週三日は自宅で芳武の世話をしながら仕事ができたのだ。

当時の東京地裁民事部は、基本的に裁判官一人で事件を扱う「単独部」と、基本的に三人で審理する「合議部」に分かれていた。民事六部は合議部で近藤、嘉子、そして倉田の三人によるチームプレーだった。

倉田の回想によると、合議部になったのは嘉子への配慮もあったという。

前述のとおり、嘉子は戦争と疎開を挟んでいるため、実務家としての活動年数は少ない。そこで当時の最高裁民事局長の関根小郷が、合議を多く扱い指導者としての力量も確かな近藤の部へ着任させたのだという。若い倉田にとっても、その恩恵を受けたことになる。

近藤、嘉子、倉田の三人で行われた裁判は、いくつか判決が残っている。戦争の影響を色濃く残した争いも多い。原告が疎開の際に留守番を頼んだ相手方と立ち退きをめぐってトラブルになったケースや、建物の強制疎開をめぐる借地権の争いなどがあった。戦後になっても、戦争に絡む争いが多く続いていたことがわかる。

このほかにも、当時はまだ少なかった交通事故の損害賠償事件や、選挙違反で勾留中の被告人が死亡し、遺族が起こした国賠訴訟など多様な訴えを担当した。ちなみにこの国賠訴訟では、違法性を認めて国に賠償を命じている。

裁判長の近藤は、裁判官が話し合いを行う「合議」の際も、自分の考えを押しつけるようなことはなかった。

「口を開く前に、『和田さん（嘉子）、どうですか、今の点倉田君と一緒、そうですか』と念を押してから、『僕はこう思うが……』という調子だった」（倉田卓次）

近藤は普段の嘉子への接し方もごく自然体で、女性裁判官だからと構えることもなかった。

倉田の回想によれば、ある時、嘉子が近藤に対して、よくできる書記官をかわいがりすぎると苦言を呈したことがあった。近藤は言い返すこともいなすこともなく、「うーん」と考え込んだ末「わかりました」と素直に返事をした。倉田は直言した嘉子にも感心したが、若い陪席の言葉に素直に従う近藤にも、感銘を受けた。

❀

ある日、仕事と育児で疲れたのだろう。裁判中に法廷で嘉子が居眠りをしていたことがある。

裁判長を挟んだ反対側にいる左陪席の倉田は、見て見ぬふりをしていた。目を閉じていれば、考え込んでいるのと見分けがつかない。

ところが、法廷の中で突然大きな音がした。嘉子が法壇の陰に崩れ落ちたのである。近藤と倉田が慌てて駆け寄ると、嘉子の椅子の脚が一本折れていた。

不運の事故だが、嘉子自身は不満だった。

「何だか私のお尻が大きすぎて、そのせいで壊れたみたいじゃないの。椅子が壊れるなんてめったにあることじゃないのに、私って、ほんとについていないわ」

裁判官室に戻ってから彼女はそうボヤいていたという。

❀

危険な目に遭ったこともある。

法廷を終えてトイレに入ったところで、その日の裁判の当事者だった老婆に、洗面台でいきなりカミソリの刃を向けられる事件が起きたのである。幸い嘉子はけがをすることなく、老婆は駆けつけた警備員に取り押さえられた。

嘉子は「やっぱり女性は裁判なんて無理じゃないのかという評判を起こしかねない」、とひどく悩んでいたという。

「私はそれは思い過ごしですよ、と慰めるばかりだったが、『よりによってどうして私の事件で……私って、ついてないわ』と言われると、もう返す言葉がなかった。（中略）この和田さんの痛恨は気負いすぎのように感じられるかもしれないが、昭和二〇年代後期にはそうではなかった」（倉田卓次）

嘉子はこの日の夜、内藤頼博の自宅を訪ねている。

「私は、和田さんもとんだ災難にあったものだぐらいの気持ちで、その話を聞いていた。しかし、その夜の和田さんは、真剣であった。相手を責めるのではない。当事者をそういう気持ちにさせた自分自身が、裁判官としての適格を欠くのではないかという、深刻な苦悩を訴えられたのである」（内藤頼博）

裁判の当事者が、思うようにいかないいらだちから、裁判官に怒りの矛先を向けることは、時折ある。だが嘉子はこの出来事が、女性裁判官全体への評価につながりかねないと悩み、さらには自分自身裁判官としての資格があるのか、とまで思い詰めていたのである。

内藤はこの日夜ふけまで、「法を司る者が負う宿命」について、彼女と語り合ったという。

長官との面識

裁判官は最初「判事補」に任命された後、一〇年で「判事」になる。嘉子も昭和二七（一九五二）年一二月に判事となった。裁判官としての独り立ちである。同時に名古屋地方裁判所へ転勤した。

裁判官としての勤務を始めてから実質わずか三年あまりだったが、彼女は弁護士だった時期も算入されたため一〇年とみなされた。

当時、東京に勤務していた裁判官は、判事になるタイミングで地方へ転勤することになっていた。嘉子は「女性でも男性と同じように、転勤しなければならない」と考えていた。ここでも彼女は家庭裁判所を希望せず、地裁民事部へと異動した。

女性の「判事」は全国初。それが名古屋に来る、というのは地元では大きな記事になった。名古屋地裁に着任した時には、駅前の電光掲示板にもニュースが流されたという。

交通事故の民事裁判で現場検証中に、新聞記者から突撃インタビューを受けたこともある。講演に呼ばれることもたびたびだった。嘉子は一躍名古屋で「高裁長官よりも有名な裁判官」になった。

問題は子どもの世話だった。東京では武藤家に芳武を預かってもらうことができた。しかし名古屋へ行った時は芳武は小学生で、まだ身の回りの世話が必要だった。このため嘉子は郁子さんという若いお手伝いさんを頼み、住み込みで働いてもらった。六畳二間の官舎に嘉子と芳武、それに郁子さんの三人で暮らしたという。

芳武は名古屋時代の思い出として、嘉子が名古屋で自動車学校に通っていたことを話してくれた。だが彼女は運転のセンスがなかったようだ。何度も試験に落ち、最後は道路脇の草むらに車を突っ込ませてしまい、免許を取るのはあきらめたという。

芳武には、もう一つの記憶がある。

嘉子と芳武、それに男性の三人で名古屋市の動物園に出かけた光景である。

「今にして思えばデートだったのでしょう」と話す。

それが、後に再婚することになる三淵乾太郎（けんたろう）だったと思われる。初代最高裁長官の三淵忠彦の長男である。芳武の記憶によれば、付き合いが始まるのは名古屋時代からだったようだ。

交際のきっかけは、はっきりとはわからない。ただ、乾太郎の父親である初代最高裁長官の忠彦と嘉子の出会いは、彼女自身が書き残した文章がある。

❀

それによると昭和二三年、嘉子がまだ最高裁民事局付で家事審判法の制定や家庭裁判所の創設準備をしている時のことだった。

突然、嘉子は長官の三淵忠彦に呼び出された。長官との面識はない。若手局付の自分が名指しで最高裁長官に呼ばれたことに驚いた。嘉子はおそるおそる長官室へ向かった。

長官室で忠彦は、嘉子の大学時代の恩師だった一人、島田鉄吉の名を挙げた。島田は大審院の元部長で、退官後明治大学の教授をしていた。忠彦が島田の家を訪問していた時に「あなたのことが話題に上った」というのである。

わざわざそのことで自分を呼んで話をしてくれたことに、嘉子は感激している。

その後、彼女は最高裁民事局長の関根小郷とともに、忠彦が書いた民法の本の改訂作業を手伝うことになった。おそらく、彼女が司法省で民法の改正作業に携わった経歴から、選ばれたのだろう。改訂版は表紙にも関根とともに「補筆」として「和田嘉子」の名を連ねている。この作業を通じて、忠彦との交流は深まったとみられる。

総力戦研究所

三淵忠彦の随筆に「『日の丸の旗』のよろこび」という小文がある。

昭和二三年九月、GHQの許可を得て、初めて最高裁判所の屋上に、日の丸の旗を掲げた時のことを書いている。

「私は、久しぶりで日の丸の旗をふり仰いで、いうにいわれない感激を覚えました。日の丸の旗は、簡素で、清らかで、明るく、朗らかで、美しい」

日本はまだ占領下だった。独立国家ではない。それでも忠彦は、戦争で傷つき多くの命を喪ったわが国の司法の中心に、再び日の丸を掲げることができた感慨を、簡潔ながら力強い文体で綴っている。

東京大空襲で一度全焼した最高裁の建物に、長官の忠彦があえて国旗を掲げたのは、自らの手で、惨禍から日本を再建するという決意でもあったろう。忠彦はこの光景を写真に収め、アメリカにいる日本人の友人へわざわざ送っている。

屋上に数年ぶりで姿を見せた国旗は、当時、最高裁の局付だった嘉子も見たはずである。青い空にひるがえる日の丸の光景は、夫や弟、そして父母を亡くした彼女の胸にも、去来する思いがあったに違いない。

このエピソードから約一年半後の昭和二五年二月、病気がちだった忠彦は再び最高裁で倒れる。病床で翌月の定年を迎え、回復することなく七月一四日に死去した。

❀

嘉子は忠彦が亡くなったことをアメリカ滞在中に知った。

帰国してすぐ、彼女は小田原の忠彦の家を訪ねている。本の補筆をともに行った民事局長の関根小郷と一緒だった。

これが縁となって亡忠彦の家との交流が深まる。特に妻の静が、嘉子のことを気に入ったという。

長男である三淵乾太郎との面識が深まったのも、この頃と推測される。

乾太郎は嘉子の八つ上。すらりとした英国型紳士である。結婚して一男二女がいたが、妻を亡くしていた。

　司法大観に記された経歴には、昭和七年に裁判官となり、東京地方裁判所などを経て、戦時中は司法研究所の事務官や、北京の領事を務めたことが書かれている。戦前は同期である内藤頼博らと「さつき会」という団体に参加していた。東京中心とする若手裁判官で結成され「裁判所は司法省からの独立を目指すべき」などと提言していた。

　乾太郎にはもう一つ、司法大観には掲載されていない隠された経歴がある。

　それは国立公文書館に二枚の公文書として残されている。昭和一六年四月五日付の三淵乾太郎に対する内閣からの発令文である。

三淵東京民事地方判事
總力戰研究所入所

四月一日首相官邸に於て入所式を舉行した總力戰研究所の第一回研究生は、官民各層の最も有爲なる代表的中堅青年を銓選の上三十六名を入所せしめて、向ふ一年間に亙つて、武力戰、思想戰、經濟戰、國內政策、對外政略等國家總力戰遂行上の重要事項についてみつしり再訓練をなし、明日の總力戰に於ける各職域のリーダーたらしむる筈であるが、司法部を代表する研究生として、今回東京民事地方裁判所判事三淵乾太郎氏が選拔せられ、去る八日發令と同時に入所、見學その他所定の研究に勤しんで居る。
・三淵判事は昭和五年十一月高試合格、翌六年三月東大法科を卒業して司法官試補となり、同七年十二月判事に任じ、水戸地方、東京地方判事を經て同十年民事地方判事に任じ今日に至つた少壯判事の錚々である。研究所に於て三淵判事は語る「非才私が選拔されまして、よくその職責を果し得るかを危ぶんで居る次第ですが、能ふ限り熱心な努力を傾けて、御期待に副ふ收穫を擧げたいと念じて居ります。いろ〳〵お話したい事もありますが今はまだその時機でないと思ひます。當研究所生は文章、談話の如何によらず、外部發表の場合は許可が要りますが、何れ發表した方がよいと考へられる時機になつてから委しくお話させて貰ひます。」云々。

●乾太郎の総力戦研究所の入所を伝える記事（法律新報611号昭和16年4月15日）

こう書かれている。

　——総力戦研究所研究生ヲ命ズ
「総力戦研究所」は内閣総理大臣直轄の研究所で、来たる太平洋戦争に備えて、陸海軍や各省庁から優秀な若手を集めた組織である。

　ここで乾太郎は、司法官の代表として「模擬内閣」で〝司法大臣〟と〝内閣法制局長官〟を務めている。

　昭和一六年八月に、この模擬内閣はアメリカとの戦争の見通しをシミュレーションし、「日本敗戦」という結論を導き出した。組織は後に解散する。

　第一期研究生として送り込まれた乾太郎は、次世代の有望株と目されていたことがうかがえる。ただ、自身は戦後この経歴について一切語っていない。このため乾太郎が総力戦研究所でどのような役割を果たしたのかは、わかっていない。おそらくは陸軍大臣や海軍大臣、あるいは外務大臣役ほどの重責ではなかったと思われる。

　しかし乾太郎は、かつて「裁判官は裁判に徹すべきであり、司法省で役人となることを是としない」と公言するさつき会の一員だった。それが内閣総理大臣の研究所に配属され、模擬とはいいながら〝司法大臣〟になる。さらには戦争の行方を占うことが、彼の本意でなかったことは容易に想像できる。しかも米国との圧倒的な国力差を知り、敗戦を予想しながら、戦争を止めることはできなかったのである。

　この経歴は、乾太郎と戦争との関わりをめぐって大きな陰影を与えていたと思われる。

二度目のパートナー

　昭和三一（一九五六）年五月、嘉子は名古屋から再び東京に転勤した。勤務先は以前の東京地方裁判所。今度は民事二四部に配属された。

　彼女はその三か月後、乾太郎と再婚した。嘉子が四一歳、乾太郎が五〇歳の時だった。お互いに連れ子がいた。芳武は中学生、乾太郎の子どもは四人いて一家は七人の大家族になる。

二年後に、嘉子が自身の再婚について短く触れた文章がある。

「私にとって三淵との結婚は思いも寄らぬものであっただけに、大事な拾い物のような気がします。断崖の端に立っているような緊張した私の心が、この頃は自分でもおかしいぐらい余裕をもってきました」

長く張り詰めた思いだったことがわかる。前夫の和田芳夫と死別した後、嘉子は幼い芳武の育児や、学生だった武藤家の弟たちの世話が最優先だった。だが弟も全員社会人になり、芳武も中学生に成長した。ようやく、彼女は自分の幸せをもう一度考えることができるようになったのだろう。

双方とも再婚だったため、結婚式は身内だけのごく簡素なものだったという。

❁

乾太郎の子どもたちと嘉子は、時にぶつかることがあった。乾太郎の長男の力（ちから）はこう記している。

「ひと言でいえば、猛女であった。私の父は明治三九（一九〇六）年生まれのひのえ午、俗にいう会津っぽの血が流れ、頑固一徹であった。継母、嘉子が三淵の姓になった時、我が家にはそのような父と、そのような父の血を濃くひいた私がいた。一人息子、芳武を連れて嫁して来た時、継母はさぞや敵地に乗り込む進駐軍、といった心構えであっただろう。はたせるかな、昨日仲むつまじかったかと思うと、今日はもう言い争い、といった風に波乱が起き、わが家は平穏とはとても言いがたい状態になった」

長女の那珂（なか）も生前、弁護士の佐賀千恵美の取材に対してこう話している。

「私は継母という感覚はまったくありません。『父の連れ合い』だと思っていました」「（嘉子は）人にも、親身になって相談に乗りました。ですから他人にとっては良かったでしょう。しかし、母は一人よがりの、自分の正義で憤慨することがありました。身内としては、つきあいにくかったですね」

ともに文章からは、摩擦があったことが示唆される。

嘉子の実子である芳武にとってはどうだったのか。彼は取材に「乾太郎さんとすぐに仲良くなれました」と話している。実父との記憶のない芳武にとっては、初めての父親だった。

「新しい親父はマイペースで、休みの日には書斎に籠もって難しい法律書をずっと読んでいるような人でした。休日の前の日になると裁判所の車が風呂敷に入った書類をたくさん運んできます。これを、次々と読んでいましたね。すごい人だなあと感心しました」

芳武もどちらかといえばマイペースで、乾太郎と波長が合ったのだろう。後年乾太郎が闘病した時には、芳武が病院の送り迎えを担当したこともあった。

再婚には新たな波乱もあったが、嘉子

と乾太郎は、互いの子どもを育て上げ、社会へと送り出した。互いに裁判官として各地への転勤を繰り返すため、同居の期間は決して長くなかった。それでも二人の仲は良く、この後の人生を過ごしていくパートナーとなる。

「原爆裁判」

埼玉県の所沢駅からさらに二駅。駅前のロータリーを抜けると、商店街が続く。五分ほど歩いて左折したところに、日本反核法律家協会の会長、大久保賢一の弁護士事務所がある。

私が事務所を訪ねた日、大久保は四階の部屋へ案内してくれた。大きな机の上いっぱいに、古い裁判資料が並べられていた。分類され封筒に入れられている。中の記録を取り出すとどれも紙が黄ばみ、古びて文字がかすれているものもある。

「これが、うちに保管している『原爆裁判』の記録です」

原爆裁判は、昭和三〇年代に原爆投下の違法性が初めて法廷で争われた国賠訴訟の通称名である。資料は担当した故松井康浩弁護士から日本反核法律家協会が預かり、現在は会長の大久保の事務所で保管されている。

本来は裁判所が保存すべきだが、近年全国の裁判所で民事訴訟記録の大量廃棄が明らかになった。この原爆裁判の記録も判決文を除き、すべて捨てられていた。したがって、私の目の前にある資料は、多くがもはやここにしかない。

事務所を訪ねたのは、記録を閲覧させてもらうためだった。古い紙の綴りは手書きの訴状から始まる。原告は広島と長崎の被爆者五人。昭和三〇（一九五五）年に大阪地方裁判所と東京地方裁判所で訴えを起こし、東京地裁へ併合された。昭和三五（一九六〇）年二月から三八（一九六三）年三月まで、九回の口頭弁論が開かれている。

残されている口頭弁論調書。その表紙には日付と担当裁判官の名前が記されている。裁判官の右陪席にはすべて「三淵嘉子」の名がある。

裁判長と左陪席は異動で交代していくが、嘉子は第一回から結審まで、一貫して原爆裁判を担当し続けた。保管されている記録を見ると、弁論準備だけで二七回、実に四年に及んでいる。しかも途中から大阪地裁の訴えも併合された。難事件だった。

嘉子の回想録やインタビューを探しても、原爆裁判については触れていない。求められて自身の経験や経歴を語ることが多かった彼女が、ひと言も触れていないのは不思議に感じる。おそらくは事案の深刻さと合議の秘密を守るため、意図的に語らなかったのだろう。

芳武にも聞いたが、「当時の報道で母が原爆裁判を担当したことは知っていま

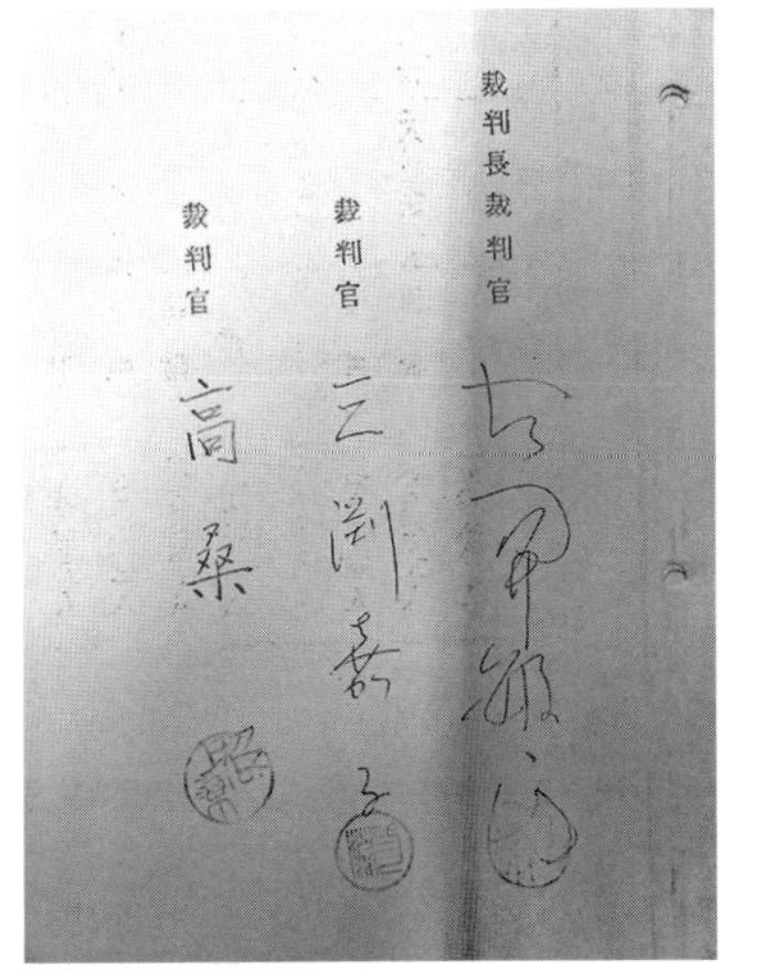

●裁判記録に残された署名
（日本反核法律家協会提供）

すが、内容について聞いたことはなかった」という。

訴状には、原告の被爆当時の様子が細かに記されている。たとえば原告の下田隆一の記述はこのようなものだった。

――原告下田隆一は本件広島被爆当時四七歳であって、広島市中広町九四五番地に家族とともに居住し、小工業を自営していた健康な男子であったが、当日の被爆のため長女レイ子（当時一六歳）三男清（当時一二歳）次女ユリ子（当時一〇歳）三女和江（当時七歳）四女利子（当時四歳）は爆死し、原告妻ヒナ（当時四〇歳）および四男克治（当時二歳）は爆風・熱線及び放射線による特殊加害影響力によって傷害を受け、原告は現在右手上膊部（じょうはくぶ）にケロイドを残し技能障害あり、また右腹部から左背部にわたってもケロイドあり、毎年春暖の節には化膿しまた腎臓及び肝臓障害があって、現在まったく職業につくことはできない。

悲惨と言うほかない。五人の子どもを原爆で失い、自身も妻も後遺症に苦しんでいる。

原爆投下から、まだ一〇年と少ししか経過していない。

嘉子も夫と弟を戦争で失っており、戦争による心の傷は自身にもあった。肉親を原爆で理不尽に奪われた原告の気持ちは、嘉子にも理解できただろう。

保管されている記録を基に、裁判の流れを見ていく。

第二回口頭弁論までは裁判長は畔上英治（あぜがみえいじ）、第三回から判決までは古関敏正が裁判長を務める。左陪席は弁論準備手続から変遷が甚だしいが、第八回から判決までは高桑昭が務めた。嘉子は第一回から第九回の結審まで、ずっと右陪席にいる。

裁判長の古関は嘉子の三期上で判決時五〇歳。戦後司法省調査課や最高裁民事局の二課長などを務めた。

黒縁眼鏡で痩せて小柄なため、おとなしそうな印象も受ける。だが原爆投下が国際法違反かどうかが争点になると、躊躇なく三人の国際法学者を鑑定人に選任した。原告が申請した原水爆禁止日本協議会の理事長で法政大学の安井郁（かおる）。そして国側が申請した京都大学の田畑茂二郎、東京大学の高野雄一である。

古関が双方の申請をすべて受け入れ、著名な国際法の研究者を三人並べたことは、原告にも国にも、古関が訴えを正面から受け止める覚悟ができていることを示した。

三人の鑑定結果は昭和三六（一九六一）年から翌年にかけて裁判所に提出されている。最大の焦点である原爆投下と国際法について、安井と田畑の意見はともに、「非人道的、無差別爆撃であり国際法に違反する」と明言した。高野も断定を避けつつ、「国際法違反の戦闘行為とみるべき筋が強い」と述べている。

❁

当時は判決後に裁判長への〝囲み取材〟の機会があった。

言い渡し後に古関は記者から問われ、「二〇数年間の判事生活を通じて、今度が一番苦労した」と語っている。

この囲み取材で古関は「あなたの裁判の師は誰か」という質問も受けている。「尊敬している裁判官」として彼が挙げたのは、三淵忠彦だった。忠彦の戦前の裁判官としての仕事に、古関は感銘を受けていたという。

三人の裁判官の中で唯一、原爆裁判について書き残しているのが、終盤に左陪席となった高桑昭である。判決時二六歳で、前年に裁判官になったばかりだった。彼は後に京都大学や成蹊大学の教授となる。

高桑は「この判決の草稿を書いた者は私である」と明かしている。ただし合議の秘密を強く意識してか、話し合いで誰が何を言ったかは一切触れていない。

保管記録によれば結審は昭和三八年三月五日。回想で高桑は、五月中旬には書くべきことをほぼ決めたとしている。つまり合議の結論は、法廷の審理を終えてから二か月足らずで出ていたことになる。

避けられないのは、この裁判が持つ政治的な影響力の大きさである。

もし判決が国際法違反と結論づけ、国に賠償を命じれば、広島と長崎のほかの被爆者たちは、相次いで同様の裁判を起こすだろう。被爆者援護の法律の制定を求める声が高まることも容易に想像できる。あらためて原爆を投下したアメリカの責任を問う声が高まり、国際問題となることも考えられた。

古関は判決後の囲み取材で「政治的にどんな効果があるか考えなかった。また裁判官は考えるべきではない」と語っている。ただ三人が、自分たちの出す判決が引き起こす影響の大きさを想定しなかったとは考えにくい。

高桑は「原子爆弾投下という大きな現実の問題について日本の裁判所が一つの結論を出すことになるので、若い者が扱うには問題が大きすぎると思った」と記す。判事補の高桑には荷が重かったのだろう。

彼は合議を終えた後の六月から七月にかけて、判決の草稿を書き出していった。夏期休暇の前に書き上げ、草稿は嘉子と古関がそれぞれ回覧した。それぞれ加筆や修正を行って完成した。

嘉子が高桑の草稿にどのような言葉を書き込み、どう修正したのかは触れられていない。ただ、高桑はその回想に「記述の順序、判決文の表現は裁判長のものであった」と記している。

❀

判決は昭和三八年一二月七日午前に言い渡された。

提訴から八年。日本中が注目する法廷に、嘉子はいなかった。彼女は結審後の四月に東京家庭裁判所へ異動となったためである。右陪席には審理に加わっていない、後任の裁判官が座った。おそらく判決言い渡しの瞬間、嘉子はすぐ近くの家庭裁判所にいたのだろう。

ただし、判決文には嘉子の名が記されている。保管記録の中に残る判決原本の複写にも「三淵嘉子」の自筆署名がある。

当時の新聞記事によれば、判決日の法廷は原告側の動員もなく、傍聴席に座っているのは、報道各社を除けば、関係者は原水協理事長で鑑定人の一人だった法政大学の安井くらいだったという。静かな法廷だった。

午前一〇時、廷内に入った古関ら三人の裁判官は一礼して着席し、開廷を告げた。

民事裁判では当時としては異例だが、法廷で古関は判決の主文を後回しにした。

まず理由の「要旨」から読み上げ始めた。風邪をひいたのか、ややかすれ気味の古関の声が、静かな法廷に響いた。

注目される原爆投下の国際法上の評価について、古関はこう述べている。

――広島市には約三三万人の一般市民が、長崎市には約二七万人の一般市民がその住居を構えていたことは明らかである。従って、原子爆弾による爆撃が仮に軍事目標のみをその攻撃の目的としたとしても、原子爆弾の巨大な破壊力から盲目爆撃と同様の結果を生ずるものである以上、広島、長崎両市に対する原子爆弾による爆撃は、無防守都市に対する無差別爆撃として、当時の国際法からみて、違法な戦闘行為であると解するのが相当である。

「国際法からみて違法な戦闘行為」という言葉が述べられた瞬間、それまで落ち着いた表情で聞いていた、原告側弁護士の松井の顔がさっと赤みを帯びた。

法廷は、静まりかえった。

読み上げはさらに続いた。判決は国内法上も国際法上も被爆者の損害賠償請求権を否定した。だが、最後に異例の言葉が加えられた。

――人類の歴史始まって以来の大規模、かつ強力な破壊力を持つ原子爆弾の投下によって損害を被った国民に対して、心から同情の念を抱かない者はないであろう。戦争を全く廃止するか少なくとも最少限に制限し、それによる惨禍を最少限にとどめることは、人類共通の希望であり、そのためにわれわれ人類は日夜努力を重ねているのである。

（中略）

――国家は自らの権限と自らの責任において開始した戦争により、国民の多くの人々を死に導き、傷害を負わせ、不安な生活に追い込んだのである。しかもその被害の甚大なことは、とうてい一般災害の比ではない。被告がこれに鑑み、十分な救済策を執るべきことは、多言を要しないであろう。

――しかしながら、それはもはや裁判所の職責ではなくて、立法府である国会及び行政府である内閣において果たさなければならない職責である。しかも、そういう手続によってこそ、訴訟当事者だけでなく、原爆被害者全般に対する救済策を講じることができるのであって、そこに立法及び立法に基づく行政の存在理由がある。終戦後一〇数年を経て、高度の経済成長をとげたわが国において、国家財政上これが不可能であることはとうてい考えられない。

――われわれは本訴訟をみるにつけ、政治の貧困を嘆かずにはおられないのである。

古関は最後に「原告等の請求を棄却する」と主文を読み上げた。そして閉廷を告げた直後、記者たちは法廷を飛び出していった。

判決が現代に持つ意味

この日の夕刊には、原爆裁判の判決が一面トップに並んだ。

「原爆投下は国際法違反　東京地裁、注目の判決」（毎日新聞）
「東京地裁『原爆訴訟』に判決　原爆投下は国際法違反」（読売新聞）
「原爆投下は国際法違反　東京地裁で判決」（朝日新聞）

各紙とも判決を高く評価した。たとえば読売新聞は記事の見出し部分で「原爆の違法性がハッキリ裁判で打ち出されたのは世界でもはじめてのことであり、しかも被爆国の裁判所が下した点で国際的にも大きな波紋を呼ぶものとみられる」と書いている。判決がもたらす国内外への影響に言及している。

また、判決文の末尾で「政治の貧困を嘆かずにはおられない」と批判するのは、極めて異例である。各紙はこの異例の一文にも言及していた。

保管記録の中には、広島の地元紙中国新聞の記事も残されていた。

中国新聞は社会面に「『広島』はこう受け止める」という見出しで、広島の被爆者団体や関係者の反応を特集している。ほとんどは判決を好意的に受け止めていた。

たとえば広島原爆被害者対策協議会の理事で医師の原田東岷（とうみん）は「裁判所も政治の貧困を認めているように被爆者の救済は今後政治によって解決の道を切り開いてもらいたい」と語り、広島折鶴の会世話人の河本一郎は「原爆投下が国際法上違反と明記した点でなにかすっきりしたものを感じる。（中略）この判決で被爆者救援にいくぶんかでも光明が見いだされたのがせめてもの救いだ」と話している。

判決は被爆者や支援者に、「次は法整備だ」という思いを強めることになったのである。

判決から五年後の昭和四三（一九六八）年には「原子爆弾被爆者に対する特別措置法」が制定され、被爆者への特別手当や健康管理手当などが創設される。手当や健康診断特例区域はその後、順次拡大されていく。

そして平成六（一九九四）年。ようやく「被爆者援護法」が制定されたのである。

❀

今、原爆裁判の記録を保管している大久保賢一に、六〇年前の判決をどう評価するか聞いた。彼は賠償を認められなかった点は残念だとしながらも、この判決がその後の国内と海外に与えた影響は大きいと指摘する。

「判決が日本の原爆被爆者行政に寄与したことは間違いありません。また、海外でも国際司法裁判所で参照すべき先例として位置づけられ、九六年に『核兵器の使用、威嚇は、一般的に、国際法に違反する』とした判断枠組みが、東京地裁の判断枠組みと共通しており、原爆裁判の影響を見て取ることができます」

では、当時の東京地裁がこの判決を出せたのは、なぜだったのか。

大久保は「それは想像になりますが」と断った上で、こう続けた。

「やはり初代最高裁長官の三淵忠彦の影響ではないでしょうか。三淵は在任中、会同でたびたび裁判は国民の権利を守るためにあると裁判官たちに伝えていきます。三淵嘉子さんも、裁判長の古関敏正さんも、その影響を受けていたはずです」

大久保はさらに、日本反核法律家協会の会長として、核兵器の問題が決して昔話ではないと強調する。

「いまだにロシアがウクライナへの侵攻で核兵器の使用をちらつかせるなど、危機は続いています。核兵器の使用が国際法に違反すると明確に述べた判決が持つ意義は、現代も失われていないと思うのです」

少年事件戦後二回目のピーク

原爆裁判を終えた嘉子は、東京家庭裁判所へ異動する。

それは彼女自身がかつて「先輩の私が家庭裁判所にいけばきっと次々と後輩の女性裁判官が家庭裁判所に送り込まれることになろう」と拒んだ道だった。

彼女はこの時四八歳。裁判官として働き盛りの年齢になっていた。同期の男性は次第に地裁の部総括（裁判長）になっていくが、この当時はまだ、女性が民事部あるいは刑事部の部総括には登用されていなかった。

嘉子が家庭裁判所へ配属された後、後輩の女性裁判官が家庭裁判所へ異動する事例が増えている。嘉子の記述によれば、「部総括」という肩書きがついても、原則として一人で担当する家庭裁判所へと送り込まれる事例が多かったという。

彼女のかつての懸念は的中することになる。「この上は誰にも負けない家庭裁判所のベテラン裁判官になろう」。嘉子は周囲の女性たちとそう励まし合っている。

これ以降、彼女は退官まで家庭裁判所に腰を落ち着けることになる。

❀

嘉子が家庭裁判所を離れていた一〇年あまりの間に、社会は大きく変化していた。

戦後の混乱は徐々に収束していった。浮浪児は街から姿を消す。昭和二五年から始まった朝鮮戦争を契機に、日本経済は回復の兆しを見せた。社会が落ち着くと、少年犯罪は昭和二七年をピークに減少していく。

ところが昭和三〇年頃から再び増加に転じた。今度は生活のための盗みよりも、粗暴犯などが目立つようになっていく。さらにシンナーやボンド遊び、都市部を中心に社会の秩序からはみ出した「フーテン」「ヒッピー」などと呼ばれる少年たちが現れるようになっていった。

少年の刑法犯は嘉子が着任した昭和三八年には二二万件を超え、昭和四一（一九六六）年には二五万件に達した。

これとは別に、自動車やオートバイの所有台数が急速に伸び、「カミナリ族」が街を走り回った。少年による交通事件も増えていく。ピーク時には八〇万件を超えた。

嘉子はこの頃のことを「少年院も補導委託先も家庭裁判所も、たくさんの少年事件に押しつぶされて、もうそれこそ破産状態だったと言ってもいいと思うんです」と振り返っている。

社会の少年たちを見る目は厳しさを増していく。その矛先は、家庭裁判所にも向けられた。

殺人事件で逮捕された少年に窃盗などの前歴があっても、家庭裁判所が不処分や保護観察にとどめていたことがわかると、国会で批判の声が上がった。

保守派の議員からは「少年法は甘やかし」「厳罰化を」という声が強くなっていく。昭和三八年九月には、総理大臣の池田勇人が自民党の演説会で、少年法の対象年齢をこれまでの二〇歳未満から引き下げるべきだと発言した。総理大臣の発言によって、法務省も少年法の対象年齢引き下げの検討に本腰を入れていく。

嘉子が家庭裁判所に戻ったのは、こうした時期だったのである。

❁

私の手元に、昭和三〇年代から四〇年代の東京家庭裁判所の裁判官配置表がある。取材先が保管していたものだ。

たとえば昭和四四（一九六九）年から翌年にかけては、東京家裁の「少年審判部」は合計一〇部もある。増え続ける少年の犯罪に対応するため、担当部を次々と増やしていた。このうち一部から八部は二三区を地域ごとに担当していた。さらにこれとは別に、交通事故や暴走族などを専門に担当する「少年交通部」もあった。いかに当時少年事件が多かったかがわかる。

東京家庭裁判所の所長には内藤頼博、翌四五（一九七〇）年からは宇田川潤四郎が就任していた。どちらも家庭裁判所の創設に携わった幹部だ。あまりの事件の多さに、彼らベテラン所長たちも少年部の一つを持ち、自分でも少年審判を担当していた。

❁

息子の芳武は、嘉子が東京家庭裁判所に転勤した頃から、母親の雰囲気が少しずつ変わっていったと話す。

「一番変わったのは、話し方です。昔は早口だったのですが、めだってゆっくりと話すようになりました。噛んで含めるような言い方に変わりました」

話し方だけでなく物腰もゆったりとして、振る舞いにも余裕が出てきた。多くの少年と接する中で、意識して落ち着いた振る舞いを身につけていったということだろうか。

以前は、自分が担当する事件の内容について、家庭で話題にすることはなかったが、家庭裁判所に転勤してからは、時々芳武に意見を求めてきたという。

「一度、車の運転のことで『どう思うか』と聞いてきたことがあります。母は運転免許を持っていませんでしたから、わからなかったんでしょう。ただ、裁判の内容を私に話すことはそれまでなかったので、驚いて記憶に残っています」

芳武に言わせると、家庭での嘉子はわがままで、だだっ子のような面もあったと話す。義娘の那珂とけんかをすることもあった。芳武が見る限り、母である嘉子の方が理屈の通らないことも多かったという。

「言い出したら聞かないし、引かないところがありましたから。ただ、義父はそんな母の言うとおりにしていました」

芳武は家庭での麻雀のエピソードを語っている。嘉子と乾太郎、芳武とその友人四人で卓を囲んだ時のことだ。嘉子が高い点の手を狙っているのに、芳武が安い手で先に上がった。すると嘉子は激怒して、こう怒鳴った。

「この親不孝者！」

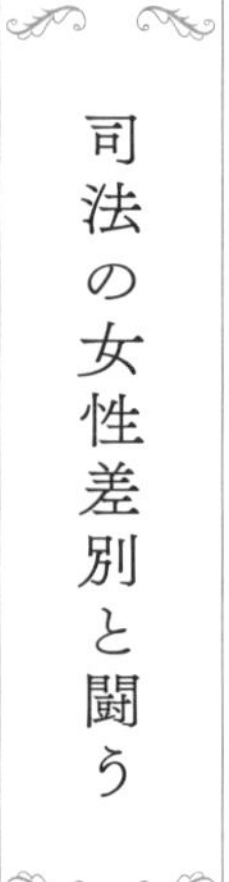

司法の女性差別と闘う

昭和三〇年代に入った頃から、女性の司法試験合格者は毎年一〇人を超えるようになる。昭和四〇年代には初めて三〇人を超えた。その後も少しずつ女性の数は増えていった。

だが、裁判官と検察官になる女性は増えなかった。

日本婦人法律家協会の記録によれば、昭和四三年には六人が裁判官に任官したが、四四年は二人、四五年は一人と減っていく。検察官はさらに少なく、昭和四〇（一九六五）年から四五年までの五年間で女性はたった三人である。

これは女性の任官を敬遠する風潮が当局にあったためだという。昭和三八年に裁判官に任官した浅田登美子は、当時をこう証言している。

「私たちは任官するについて『女性は歓迎されない』と聞かされていました。すなわち、当局は『女性と身体障害者はいらない』と言っているというのです」

今では考えられない差別的な言葉だが、似た回想はいくつも出てくる。

女性が合議体に入ると議論しにくいと、自分の部に来ることを拒否する裁判長や、女が裁判長になることを民事も刑事も歓迎していなかったという声もある。嘉子は東京家庭裁判所に落ち着いた頃から、裁判所内の男女差別についてたびたび相談を受けていた。

そして昭和四五年七月に行われた修習生の任官説明会で、信じられない差別発言が出る。発言の主は、最高裁人事局長の矢崎憲正だった。

「女性の方がここにおられるので言うが、最高裁は女性を採用しないことはないが、歓迎しないのは事実だ」

「年長者や女性に関しては、再考するように助言する。本人がどうしてもと希望すれば採用する」

矢崎は所長会同後の談話でも「女性が生理休暇、出産休暇をとるために男の裁判官にしわ寄せが出る。性犯罪や暴力事件に女性の裁判官が合議に入るのは困る」と平然と述べている。

幹部の発言は影響力が大きく、無視するわけにはいかなかった。また、個人で対応できる問題でもなかった。

後輩の野田愛子の回想によれば、当時、日本婦人法律家協会の副会長だった嘉子は会員たちと話し合い、嘉子と野田で最高裁へ発言を確かめに行った。嘉子は矢崎の発言が掲載された新聞や週刊誌の記事を持って、人事局任用課長だった櫻井文夫を訪ね、発言は事実かどうかを直接聞いている。櫻井は二人のはるかに後輩である。嘉子と野田に問いただされて困惑しただろう。彼は正直に、上司の発言を認めている。

日本婦人法律家協会は「要望書」を作った。「女性に対する侮辱であるばかりか、国民の司法に対する信頼を失わせ、かつその尊厳を著しく傷つける」と抗議したのである。

この要望書を最高裁へ持って行ったのは、会長の久米愛と副会長の嘉子だった。嘉子はこの時、東京家庭裁判所の裁判官の一人にすぎない。自分が勤務する組織の中枢に要望書を持ち込むのは、おそらく気が重かったろう。それでもこういう時、他人任せにはしなかった。

二人は事務総局で矢崎と直接対面し、抗議の言葉を述べた。同行した後輩は「柔らかな言葉の中にも鋭い論法で抗議されておられた三淵先生のお姿が、目に焼きついています」と当時のことを記している。

女性差別の問題は、これで終わらなかった。

昭和五一(一九七六)年には、さらにエスカレートした女性へのいやがらせが発覚する。司法研修所で事務局長の川嵜義徳と教官が、酒を飲んだ席で女性修習生に対し、差別発言を連発したのである。その発言は、浅田の回想や当時の記録によれば、次のようなものだった。

「君が司法試験に合格してご両親はさぞ嘆いたでしょう」

「研修所を出ても裁判官や弁護士になることは考えないで、研修所にいる間はおとなしくしていて、家庭に入ってよい妻になる方がよい」

「男が命をかける司法界に女が進出するのは許せない」

事務局長と教官はいずれも裁判官である。酒の力を借りたむき出しの女性蔑視であった。

女性修習生の訴えを聞いた嘉子は、激怒したという。もはや、放置できなかった。女性弁護士たちは、日弁連と衆議院法務委員会に真相究明を申し入れた。この要望書には、当時の女性弁護士の三分の一にあたる一〇二人が署名していた。

嘉子らが日本婦人法律家協会としての対応策を検討しているさなかに、最高裁から連絡が届く。「事務局長と教官の二名を厳重注意処分にした」というものだった。

さらに最高裁はこの年の一一月に、女性裁判官の寺沢光子を司法研修所の教官にする人事を発表した。初の女性教官の就任だった。

これが、最高裁の「反省」の表れだったのだろう。

五〇〇〇人の少年少女と向き合う

嘉子は後輩の糟谷(かすや)忠男と二人で、少年審判部九部に所属していた。糟谷は昭和四年生まれ。戦時中、海軍兵学校に入校していた経歴を持ち、正しいと思えば上司に直言も辞さない。東京家庭裁判所でついたあだ名は「青年将校」だった。

糟谷は令和五(二〇二三)年に逝去するが、生前取材した際には「私は、三淵さんのファンでした」と笑顔を見せてくれた。

裁判官室は嘉子と糟谷の二人部屋だった。その部屋には同じ東京家裁の家事部にいた後輩の野田愛子や、女性の調査官、書記官が次々と訪ねてきたという。

「裁判官室がね、女性たちのたまり場になっていました。それでまあ、彼女たちが何を話しているか耳を澄ませていると、次の会議には何を着ていくとか服の話なんかをして、きゃあきゃあやっているのです」

いわゆるコワモテの糟谷だが、実はこうした家庭裁判所の自由な空気が大好きだった。女性たちの他愛ない会話を、それとなく一緒に聞くことが多かったという。時には後輩が深刻な相談に来ることもあって、九部は「女性裁判官や職員の駆け込み寺」のような存在だったという。

一方で、嘉子はただ女性に優しいだけではなかったと話す。

「一度言っていたのは、女性は泣いてはいけないということでした。例えば裁判所の部の中で他の裁判官から厳しいことを言われると、女性は泣くことがある。そうすると、すぐに『女は泣くからダメだ』となってしまう。だから、泣いてはいけないんだ、そういうことを言っていましたね」

所長だった内藤頼博は嘉子の人材育成の力量を高く評価し、女性への指導も任せていたという。中には「三淵さんがいるから」と東京家裁を希望する調査官もいたほどだった。

❀

九部には、裁判官とは別に書記官が六人、調査官が九人も配属されていた。

担当書記官で一番若手だった後藤卓也が健在である。後藤は昭和八年生まれ。昭和二六年、一八歳の時に東京家庭裁判所に雇として採用され、創設間もない家庭裁判所を見てきた数少ない一人である。

後藤は「三淵さんには、忘れられない審判があります」と語る。

「ある事件で試験観察が行われました。対象となった少年はこの試験観察でよく頑張ったのです。結果がよかったため、自力での立ち直りが可能だと言うことで、審判で不処分の決定になりました」

「こういう場では、少年は自分の処遇がどうなるか不安に思っているんです。三淵さんはその少年に『君はもう、自分の力で立ち直ることができる。大丈夫ですよ。これから一生懸命にやりなさい』と親身になって語りかけるんです。そうすると少年も涙、三淵さんも涙。書記官の私も横で聞いていて涙なみだです。部屋の中はみんな涙でした。感動的な光景でした」

後輩には「泣いてはいけない」と言っていた彼女だが、自身は審判廷でたびたび涙を見せている。

後藤は、時代が進むにつれて家庭裁判所の裁判官も、審判を手順通り処理していくような、事務的な人が増えていったと感じている。しかし嘉子は押しつけることなく、説教するのでもなく、心情がこもった「説諭」を行った。座っている少年や保護者に「どうしてあなたは少年院送りになったのか」「なぜ試験観察を行うのか」を分かりやすく話をした。

それは嘉子が、少年審判がもともと持っている「教育的機能」を大切にしていたからだという。彼女は少年に対して法律の話をしなかった。叱責もしなかった。むしろ将来の生き方を説くことが多かった。「これからがあなたは大事です」「頑張らないといけないですよ」。それは嘉子から少年への、励ましでもあったのだろう。

「三淵さんの事件にはほとんど抗告がありませんでした。それは審判や説諭を通じて少年を納得させたということだと思います」

❀

昭和三九（一九六四）年から、嘉子と糟谷のいる少年審判部九部は「特別部」と呼ばれるようになる。少年事件が急増して対応しきれなくなってきたため、基本的にこの「特別部」で、送られてくる事件をいったん預かる仕組みになったのである。

九部ですべて一度チェックし、十分な調査と審判が必要だと判断すれば、地域ごとに担当となっている一部から八部へと割り振る。同じ少年審判部の四部にいた守屋克彦は「ここが少年部のエンジンという感じでした」と証言する。

守屋は当時の仕事について、審判は一日に四件、夏休みになると八件から一〇件を担当し、昼食を取る余裕もなかったと振り返っている。少年事件が急増したことで、少年担当の裁判官がいかに多忙だったかが分かる。

嘉子自身は「簡易送致事件」を中心とした比較的軽微な事件を担当している。簡易送致は、事案が軽く刑事処分などの必要がないと判断された事件について、警察が簡単な送致書を作って一括して書類を送致してくるものだった。多くが万引きや自転車窃盗、けんかなど。大人なら不起訴になってしまう事件ばかりである。少年事件も特に問題がなければ、不開始の決定をするのが通常の扱いである。

件数でいえば、東京家裁に送られる事件の三割以上が、嘉子と糟谷の特別部で処理されていた。

嘉子のようなベテランが、軽い事件ばかり扱うのはなぜだったのだろう。自身が語っている理由によれば、非常に軽微な事案でも、家庭や親子に問題があり、それが犯罪になるケースが非常に多かった。家庭の問題を発見し、修復を目指すことも嘉子の役割になっていた。時には本人や家庭に働きかけて再犯を防ぐという取り組みを行っていたのである。

❀

元裁判官の奥山興悦（こうえつ）は、昭和四七（一九七二）年に特別部で見た嘉子の仕事ぶりが今でも忘れられない。

奥山は当時二〇代。最高裁家庭局の局付だった。「有名な三淵さんの仕事ぶりを学びたい」と志願し、特別部の見学に来ていた。

簡易送致事件の記録は月一回、分厚いファイルにまとめて届けられる。

事件は膨大なため多くはそのまま不開始になって終わる。ところが、書類をぱらぱらと見ていた嘉子は、その中の一つ、ある少女のデパートでの万引き事件で手を止め、「この子、呼んでください。審判を開きましょう」と求めたのである。

奥山が見学したのは、その少女の審判だった。彼は審判廷の中で傍聴させてもらった。

少女はまだあどけない顔つきで、四〇代の母親と出廷した。母子とも緊張しているようだが、一見すると少女に何か問題があるようには見えなかったという。

嘉子は非行事実を確認したあと、にこにこしながら「どうしてこんなことをしたのかな」と聞いた。

少女はうつむいて口を開かなかった。嘉子は笑顔のまま「言ってみてくれないかしら」と、幾度か重ねて問いかけた。

しばらく押し黙っていた少女が「……お父さんが」と口を開いた。

少女によると、その日は休日で天気が良かった。彼女は明るい色のスカートを身につけて、デパートへ出かけようとした。それを見た父親は、こう言い放ったという。

「父は私のことを『おめえ、近頃、色気づきやがって』って言ったのです」

少女はその言葉にかっとなり、父親がたまらなくいやになって自宅を飛び出した。怒りと悔しさから自暴自棄になり、万引きしたのだという。

少女の言葉に、嘉子は間髪入れず母親へ視線を投げかけた。付き添いで来た母親は驚いた様子だったが、同時にその表情から思い当たることがあるようだった。

嘉子は少女をいったん退廷させ、母親だけを残した。

奥山の記憶では、ここで嘉子は母親に、ずばりこう質問したという。

「あなたのご主人は、ひと言でいうと、どんな人ですか」

いきなりの問いかけに、奥山は驚いた。だが、さらに驚いたのは、母親の答えだった。

「……道楽者（もん）です」

審判廷の中は、張り詰めた空気になった。

奥山は短時間で事件の本質を引き出した嘉子の質問と、それに対する母親の答えが、今も忘れられないと話す。万引きは、少女のＳＯＳだったのだ。単なる軽微な事件ではない。背景にあった家庭の問題を浮かび上がらせたのである。

嘉子はさらに、母親から家庭の様子を聞き取った。彼女は主婦の先輩といった語り口で「そう、たいへんだったのね」と相づちを打ちながら、時には助言もした。

休憩を挟んで、嘉子は母親に質問した。

「必要ならご主人にもこの審判に来てもらって、私から注意しましょうか」

母親は首を振った。

「いえ、二度とこんなことがないよう、あとは私から主人に注意します」

嘉子はにっこりと笑顔を見せると、廷内に少女を呼んだ。そして明るい声で「この事件は不処分です」と告げて、審判を終えた。

この間、わずか四〇分ほど。見学していた奥山は、まるで手品を見る思いがした。

若い裁判官だった彼も、一年間少年事件を担当していた。しかし口が重く心を開いてくれない少年を相手にすることは難しく、悪戦苦闘の毎日だったという。短い時間で少女の気持ちを聞き出し、母親にも寄り添って心を動かした嘉子の采配に、ドラマを見たような感動すら覚えた。

●少年審判部九部裁判官室の糟谷忠男と三淵嘉子
（三淵邸・甘柑荘保存会提供）

それにしても、と奥山は半世紀経った現在もなお感嘆する。

「B5一枚の簡単な送致書の記載から、家庭の問題を敏感に嗅ぎ取って、審判を開いたのです。三淵さんの鋭い感覚に、驚きました。そして、三淵さんの見事な審判は、少年事件における裁判官の役割、特にその教育的機能について、深く考えさせられるものでした」

特別部ではほかにも、家庭に問題があると判断すれば、親としばらく引き離して補導委託先に少年を預けることもあった。

嘉子は親への指導も積極的に行っていた。特に健全な家庭ほど、万引きやけんかのような軽微な事案でも、両親には大きなショックになる。そういう親に「一時のあやまちであり、親が神経過敏になりすぎないよう」時間をかけて説明し、今後の子どもとの接し方をアドバイスするのも大事な役割だった。

嘉子はここで九年間、少年審判を担当する。後の彼女自身の言葉によれば、嘉子が直接対面して審判した少年少女の数は、通算で五〇〇〇人を超えたという。

少年友の会を設立

昭和四〇年代に入っても、中には貧しさから犯罪を引き起こす少年もいた。身寄りがない子どもも多かった。親が育児を放棄し、今でいうネグレクトの家庭もあった。こうした少年は逮捕されても面会に来る保護者がいない。

裁判官も調査官も、少年の行く末を案じていた。だが、家庭裁判所が面倒を見続けることはできない。

保護者の来ない少年の多くは、着の身着のままだった。家庭裁判所から補導委託先の施設に送ろうとしても、替えの下着も持っていない子どももいた。裁判所の予算で支給することはできない。調査官や裁判官が、見かねて自費で下着や洗面道具を買ってあげることも珍しくなかった。

嘉子は家事部にいた後輩の野田愛子と

ともに、何か支援ができないか話し合った。そして所長だった内藤頼博に、家庭裁判所がボランティア団体を作ることを持ちかけた。

嘉子と野田のアイデアは、調停委員や裁判官、調査官、そしてOBたちが会員となり、ボランティア団体の事務局も、家庭裁判所の中に置くというものだった。

裁判所の中にボランティア団体を作るというのは、前例がない。だが、所長の内藤は賛成した。家庭裁判所にいた裁判官たちも、身寄りのない少年や民間の施設の苦境を知っていたため、全員賛成した。名前は「少年友の会」と決まった。

特に女性の調停委員に数多く参加してもらった。女性調停委員のバイタリティが、恵まれない少年の支援にはぴったりだと考えたのである。事務局を裁判所の中に置くことについては異論も出た。国有財産を民間団体に貸与することが適法なのかという意見が出たのである。

嘉子は「国有財産は役所のためにあるのではありません。国民のためにあるのではないですか、友の会の事務所をここに置くことは当然であり、必要なことですよ」と関係者を説得している。

内藤は最高裁判所に掛け合い、この当時の最高裁判事一五人全員を、友の会の会員にしてしまう。司法のトップを会員にしてしまうことで、事務総局を黙らせたのである。

この頃の内藤は、少しでも家庭裁判所にゆかりのある裁判官がいれば「君も少年友の会へ入りなさい」と次々引き込んでいった。

外部からも会員に加わった。嘉子の同期で日本婦人法律家協会会長の久米愛や、発足時の家庭局三課長で、その後弁護士となった内藤文質も参加した。支援の輪は、家庭裁判所を作るときに力を合わせた人々の間に、広がっていったのである。

少年友の会では、資金集めのため定期的にバザーが開かれた。会場は裁判所のロビーが使われた。来庁者の混乱を避けるため休日の開催だったが、裁判所の中には古着や手芸品、小物などがずらりと並べられ、多くの人たちで賑わう光景が、定期的に見られるようになった。

嘉子は浦和家庭裁判所の所長時代も少年友の会でバザーを企画し、自ら売り場にも立っている。調停委員の一人は、嘉子がバザー終了後に、休憩している会員たちを回って、残った小物を言葉巧みに売り歩き、とうとう完売したことを覚えている。

活動はさらに広がっていく。少年友の会は少年審判に立ち会う「付添人」も務め、少年と公園の清掃活動なども行うようになった。さらに会員の大学生などが少年に勉強を教える学習支援も始まった。

少年友の会は、全国に少しずつ広がっていった。平成二一（二〇〇九）年には、全国五〇のすべての家庭裁判所に少年友の会が作られ、「全国少年友の会連絡会」も組織された。

嘉子や野田、内藤らが作った少年友の会は、今なお後輩たちに引き継がれ、大切な活動を続けている。

学生運動と家庭裁判所

昭和四〇年代、全国の家庭裁判所はもう一つの困難に直面していた。学生運動の急激な広がりである。

ベトナム戦争さなかの昭和四二（一九六七）年、佐藤栄作首相の南ベトナム訪問が計画された。反対する学生約二〇〇〇人が羽田空港の周辺で「戦争支援の阻止」を掲げて抗議運動を繰り広げた。警官隊と衝突し学生一人が死亡、学生や警察それに一般人約七〇〇人がけがをした。第一次羽田事件と呼ばれる。

このあと、学生運動による事件が急増していった。羽田空港では一か月後も、佐藤首相の訪米に反対する学生が再び警察と衝突、警察は催涙ガス弾を使って応戦した。

昭和四四年には、東京大学の安田講堂を全共闘の学生などが占拠し、立てこもった。全国で大学紛争が広がる。一部は高校にも波及した。

一連の紛争。逮捕された学生たちは、成年か未成年かで扱いが大きく分かれた。二〇歳以上は刑事訴訟法に基づき起訴するかどうかが判断される。一方で、同じ学生でも一九歳以下は少年法に基づいて、すべて家庭裁判所へ送られた。

二〇歳を過ぎて起訴された学生は、公開の法廷で審理される。法廷は動員された学生らでぎっしり埋まった傍聴席に、徹底抗戦を働きかける弁護団。裁判長がひと言いうたびに傍聴席から「ナンセンス！」のヤジが上がり、警備員との小競り合いが繰り返された。

だが家庭裁判所では違った。少年の多くはおとなしく審判を受けていたのである。荒れるケースは少なく、対照的な光景が見られた。

ピーク時の昭和四三年一二月から翌年末までに公安事件で家庭裁判所へ送られた少年は、三七三〇人に上っている。彼らのその後は、当時ほとんど報じられていない。新聞を賑わすのは地裁の「荒れる法廷」ばかりである。非公開の家庭裁判所の審判は記者が取材できず、記事にならなかった。

嘉子は学生の事件も担当していた。

彼女によると、家庭裁判所に送られてきた少年の多くは、たまたま安保について反対を言いたい、あるいは沖縄の条約調印について反対をしたいと、デモに参加してそのまま巻き込まれ、逮捕されてしまう少年が大半だったという。

少年の中には警察や検察の取り調べに黙秘を続ける者もいた。いらだった検察からは「刑事処分相当」という意見が付され、検察へ送り返すよう要望を受ける。あらためて起訴し、大人と同じ刑事裁判を受けさせることを求めたのである。

しかし嘉子は、家庭裁判所が検察へ逆送するケースが、非常に少なかったと話している。反対に全体の九割が「不処分」と「不開始」になっていた。理由について嘉子は、捜査段階で黙秘権を使っていた少年が、家庭裁判所に来ると素直に話をするようになったためだという。「特に初期は、最後まで黙秘権を行使して本人が何も述べないケースは、ほとんど私の経験ではなかったと言ってよい」と語っている。

同僚だった糟谷忠男は、捜査機関には黙秘する少年が、家庭裁判所へ来ると話すようになる理由をこう説明する。

「少年審判は非公開です。ヤジる傍聴人もおらず、少年も弁護士も虚勢を張る必要はない。そして裁判官も弁護士も両親も調査官も、みんなで少年をどうするのが一番よいかを考えている。

検察官はいないので、刑事裁判のような対立した構造はどこにもない。だから少年は、部屋の中にいる全員が、自分のことを考えていると気づく。そして素直になるのです」

だが、こうした家庭裁判所の対応は、検察には不満だった。「悪質な事件なのに少年を戻してこない」「甘やかしている」「検察の言うことを聞かない」という声が上がった。当時は審判に検察官の立ち会いが認められておらず、審判の様子を知ることはできない。また、結論に不服があっても、意見を言うことはできなかったのである。

同じ事件でも大人と見なされて起訴され、地裁の法廷で裁判を受けたらどうなるだろう。

非公開の少年審判とは違い、大量の傍聴人と戦闘的な弁護士が背中にいれば、未熟な若者は法廷の熱気に煽られて、反抗的な言動を繰り返すかもしれない。傍聴席からは喝采を受けるだろう。だが、そんな強がりが「反省の情なし」と判断されて厳しい判決を受ければ、将来の就職にも差し支えることになる。社会の多くはそんな彼らを助けない。「大人なのだから責任は自分で負わなければならない」のだ。

一九歳か二〇歳か。わずか一歳の違いで将来を閉ざしてしまうかもしれない事態が、隣り合った二つの裁判所で起きていた。

昭和の少年法 引き下げ議論

昭和四五年六月、少年法の対象年齢を事実上引き下げるように求める諮問が、国の法制審議会に対して行われた。

法制審議会は、法律に関する基本的な内容を検討する場である。通常は裁判所、検察庁、日本弁護士連合会から委員が選ばれるほか、研究者や有識者なども参加して法改正の必要性や方向性を議論する。ここで出された答申を受けて、法務省が法律の改正案を作成する。

だがこの時の諮問で、法務省は初めから「改正要綱」をまとめて公表していた。

それは少年法の対象を「二〇歳未満」から「一八歳未満」へ引き下げることや、一八、一九歳は「青年」として、おおむね大人と同じように刑事手続にのせること、検察官に起訴・不起訴の判断を委ねることなどが盛り込まれている。

これから議論を行うはずなのに、法務省が「要綱」という形で、最初から案を提示してきた。このやり方に、家庭裁判所や弁護士からは強い反発の声が上がった。

諮問と同じ日に、東京家庭裁判所所長の宇田川潤四郎の名で要綱に反対する「決議文」を作っている。草稿を作成したのは、三淵嘉子と糟谷忠男、そして当時まだ若手裁判官だった守屋克彦たちであった。送り先は「最高裁判所長官」宛となっている。

❀

当時の最高裁長官は、石田和外である。昭和二二年に、嘉子が書いた「裁判官採用願」を司法省人事課長として受け取った人物だ。あれから二〇年あまり。昭和四四年、長官に就任した石田は保守派の豪腕トップとして、法曹界のみならず政界でも名を知られるようになっていた。

昭和二九（一九五四）年に若手法律家や研究者が、憲法の擁護や基本的人権などを守ることを目的に青年法律家協会、「青法協」を設立する。この組織を保守活動家や政治家は、「左翼活動」として問題視した。

石田が幹部となった頃から最高裁は青法協に参加していた裁判官を問題視し、再任拒否も行う。さらには修習生を罷免するなど、三淵忠彦の時代ではあり得ない強権を相次いで発動した。最高裁はその後も、容赦ない青法協の切り崩しと明らかな人事上の冷遇を繰り返す。

石田は長官就任時の会見で「裁判所は自らの姿勢を正して、激流の中に毅然として突っ立つ巌のような姿勢を堅持する」と述べている。その発言どおり、一連の対応に対する批判を、彼は歯牙にもかけなかった。だが強引すぎるともいえる人事差別は、裁判所内部に深刻な分断と萎縮をもたらし、影響は何十年も続くことになる。

その石田が、少年法の年齢引き下げには明確に反対していた。

保守派の彼が反対するのは、意外に映るかもしれない。だが彼は会議の席でも法務省の少年法改正要綱について、「裁判所の庭に土足で入り込んできた」と烈しい言葉で批判している。石田が志向していたのは、戦前から一貫して「強い司法」「強い裁判所」であった。彼からすれば、法務・検察当局が家庭裁判所の権限に手を突っ込み、権限を奪い去ろうとしているように見えたのであろう。

少年の更生を第一に考える嘉子ら家庭裁判所の人たちからすれば、石田の反対論は本来の趣旨とは異なり、やや「ねじれた」ものにも見える。それでも実力派の最高裁長官が対決姿勢を明確にしたことは、引き下げに反対する人々にとって、追い風になった。

❀

脇道に入るが、もし単純に少年法の対象年齢が引き下げられたらどうなるか。平成から令和にかけても、ほぼ同じ引き下げ議論が展開されただけに、簡単に触れておきたい。

当時も社会では「少年を甘やかすな」「責任を負わせるべき」という声が、よく聞かれた。

ところが、最高裁家庭局が諮問後の昭和四五年一〇月にまとめた「少年法改正要綱の問題点」によれば、当時の刑法犯の起訴猶予は三一％となっている。つまり、年齢を単純に引き下げても一八歳、一九歳の三割が、起訴されずそのまま社会へ戻されてくるのだ。これでは、何の責任も負わないことになる。

文書をまとめた最高裁家庭局三課長の栗原平八郎は、これを「不良少年の野放し」と手厳しい表現を使っている。

対して家庭裁判所では、まず調査官が家庭環境を含めた調査を行う。成人にはない家庭裁判所が誇る独自の仕組みである。その上で、問題があると判断されれば審判が開かれる。ちなみに当時の一八歳、一九歳の凶悪犯の審判不開始の割合はわずか三・八％にすぎない。

しかも家庭に問題があるとわかれば、親への指導も行う。万引きのように大人で初犯なら不起訴になる軽い事件でも、家庭環境が悪く親の元に置いておくことができないと判断されれば、児童自立支援施設や少年院へ送ることもある。さらに、刑務所は懲役が終われば、反省がなくても出所せざるを得ないが、少年院ではなお不十分と判断されれば収容期間は延長できる。

もちろん重大で凶悪な事件の場合は、検察官に送り返して大人と同じ刑事裁判を受ける仕組みは当時からある。

単純な年齢引き下げは、多くが放置されるだけで、事件の責任も取らない、反省もしない。大人扱いなので家庭への指導もない。「甘やかすな」「責任を取らせろ」という言葉とは、正反対の結果になる。これでは社会や治安にとっても逆効果である。家庭裁判所を経験した裁判官や調査官らには「自分たちこそ少年を守る最後の砦であり、社会のためにも役立つ」という強い信念があったのである。

❁

嘉子は法制審議会少年法部会で委員に選ばれた。家庭裁判所を代表しての就任である。そして、同僚の糟谷忠男は幹事となってサポートを担った。

法制審議会少年法部会は、委員の総計が四八人。構図としては引き下げ反対の裁判所と弁護士に対して、引き下げ賛成が法務省と検察であった。

部会には嘉子のかつての仲間も集まった。初代家庭局三課長の内藤文質が弁護士の委員に、初代局付の柏木千秋は名古屋大学の教授になっていたが、研究者の代表として委員に選ばれた。

さらに発足間もない家庭局によく来ていた東京大学教授の団藤重光も委員に、松尾浩也は幹事になった。明治大学の後輩で弁護士になった鍛冶千鶴子も委員に選ばれた。

事務局の法務省が人選をしたため、全体としては「年齢引き下げ賛成派」が過半数を占めていた。

それでも、嘉子とともに家庭裁判所のため力を尽くした人々が再結集したのである。絶対数が少ない中で部会に臨む嘉子は「悲壮な決意だった」と話している。

速記録から見る嘉子の思い

少年法部会は昭和四五年七月より五一年一二月まで、ほぼ六年半続いた。多くは法務省の会議室で、一、二か月に一回のペースで開かれている。七〇回に上る会合のほとんどすべてに嘉子は出席した。

嘉子の発言は、「法制審議会少年法部会議事速記録」に残されている。発言者と発言内容が詳細に残されており、当時のやりとりを知ることができる。

六年半に及ぶ議論は少年法にとどまらず、少年への支援のあり方や家庭裁判所の役割にも及ぶ。彼女は現場の裁判官の代表として数々の意見を述べている。自らの経歴や関わった少年審判にも触れていて、そこには裁判官三淵嘉子の「思い」が凝縮されている。一部を速記録から紹介しよう。

「少年審判の場で、おまえは悪いことをしたんだと、けしからんのだと、こういうふうにしなければならないんだというお説教をしても、少年は決してそれを受け入れようとしません。

なぜあなたがこういうことをしたんだろう、どうしてこういうことになったのか、自分でよく考えてみてどういうことが問題だと思うのか、というようなことを懇切丁寧になごやかに話をする間に、少年自身が自分のやったことを自分なりに考えていく。

こちらから教えるのではなくて、自分自身が自覚をするチャンスがそこで生まれてくる。

少年審判は決して脅すとか、あるいはお説教をするとか、叱りつける場ではなくて、少年自身がその場で、自分はなぜこんなことをしてきたんだろう、こういうことをすれば、どういうことになるのだろうということを自分自身で反省する場だと、私は思って今まで審判をしてまいりました」（第二回）

自分が担当した少年について語っている内容もある。嘉子は退官後の回想でも、少年に配慮して担当した事案についてはほとんど触れていない。だが、この記録では、珍しく自分の経験をいくつか話している。

「こういうケースがありました。友だちと一緒に二、三の万引きをしたケースですが、非常に頭のよい、知能指数も中学校の三年生ですが一三〇くらいある少年でした。

裁判所に呼び出しても、その間非常に落ち着きがない。審判の前に部屋の廊下で待っております時に、すでに隣に座った中学生を脅したような口のききかたをしている、そういう少年でした。

いろいろ調べてみますと、やはり家庭に非常に問題があって、小さい時に里子に出され、帰ってきても母親やきょうだいとうまくいかない。自分だけが家庭から阻害されているということが、落ち着かない原因であり、非行に至った大きな原因だと思います。

これに対しては試験観察に付しまして、調査官がいろいろ指導をし、また大学生の中でそういう非行少年の友だちになりたいという「大学少年友の会」という会がございまして、そこの有志の人たちにプライベートな友だちになってもらって、結局中学校を卒業するまで再犯を犯さないで、中学校を出た時にはおじさんのところに住み込みで大工をするということで、その後ケースは来ていません。

これなども、あのまま事案が軽いということで見逃してしまいますと、次々と罪を犯していったのではないかと思われるようなケースでした」（第四回）

「私が短期少年院に送りました少年は、非常に小さい時からわがままと申しますか、野放図に育てられておりまして、家庭ではもう一八になりまして、非常にもてあましておりました。（中略）

病弱な父親や祖母を脅してはお金を持ち出して、暴走族の仲間に入ったり、女の子と遊び歩いたりという少年で、事案はいくつかありましたが、みんな軽い事件なのです。

鑑別所の意見も在宅保護でいいだろう、ということは保護観察でいいだろうということでしたが、とても保護観察にのるような少年ではありませんでしたから、私としては少年の間にやはり家庭でできない教育を国がしなければならないのではないかと思いまして、思い切って短期少年院に送ったわけです。

（中略）

たまたま、ほかの事件でその少年の収容されている少年院に行った時に、その少年と相当長い時間いろいろ話をしました。（中略）少年は自分のやったことについて、否応なしにとことんまで考えたと。自分としてはあのまま社会に出て行ったならば、とても周りの人たちに迷惑をかけたと思うから、この少年院に来て、初めのうちはつらかったけれども、自分のやったことを反省してみて、自分のために非常にプラスになったと申しました。

少年の表情もはじめの頃のような、何か非常にだらしない感じから、きりっとしまったものになっておりまして、私は少年がそう言ってくれたことで安心しました。（中略）

少年自身が少年院に入って教育を受けております際には、やはり懲罰ということで少年院に送られているというよりは、むしろ自分がここで何を勉強しなければならないかということを現在は考えているような教育が、少年院では行われているのではないかと思っています。

私としてはその事件を通じて、少年院の方々に非常に感謝をしたわけです」

（第六六回）

法務省が示した少年法の「要綱」には、少年や青年のための専門的な調査機関に関する記述はなかった。嘉子はこの点について、幾度も強く反対している。家庭裁判所には調査官がいて、家庭や学校などで幅広く社会調査を行っている。

嘉子は対象年齢を引き下げれば、一八歳と一九歳の「青年」にはこうした調査を行わないつもりなのかと問いただしている。

「現在、家庭裁判所で行っている調査というのは、少年に対する調査というよりは、むしろ軽微事件については、少年自身が悪くなっているというよりも、家庭に問題があったり、親と子の間に問題があったり、あるいは学校、職場でいろいろなテンションがあって、そのために少年が非行に走るというケースが多いわけです。

家裁としては調査をするときに少年からだけいろいろ話を聞いたり調査をしたりするのではなく、むしろ軽微な事件ほど保護者に会ったり、問題があるなら職場を調査したりとか、あるいは学校といろいろ連絡をすることによって、少年が非行に走っている現在の要因は何であるかということを調べなければならないわけです。

そうしますと、軽微な事件であるからと現在の警察あるいは検察庁の取り調べでは少年だけしか調べていない。保護者まで調べるということは、私ども少年事件をやっていて、ほとんどそういうケースはないのです。

少年だけ調べて、もう非行を犯すような少年ではないということで判断をしてしまいますと非常に問題です。少年に会ってみて、どうしてこの少年がこんなことを犯したのかということを疑問に思う時には、なおさらのこと家庭環境なりそのものが置かれている社会生活に、大きな問題が隠れているということがあるわけです。

こういうふうに考えると、少年だけを調べて要保護性と申しますか、軽微な事件だから要保護性がないといって判断してしまうことは、非常に問題がある。

たくさんの事件を、家裁の調査官が全部懇切丁寧に調査しているわけではございません。やはり調査のコツと申しますか、警察から送られてきたいろいろな資料を基にして、調査官、家裁の裁判官、書記官みんなでいろいろ苦労をして、どういうところに問題があるかということをその中からチェックするような専門的な工夫があるのです」（第四七回）

会議の〝菩薩さん〟

「こんな風に、ご自身の経験を元にした話を、にこにことして、きれいな声で発言するんです。あの役割は私にはできないんですよ」

そう話すのは、東京家裁の同僚で法制審議会少年法部会の幹事だった糟谷忠男である。

部会の議論は、当初から法務・検察と裁判所・弁護士会の対立が明らかだった。このため発言はとげとげしくなり、会議室は烈しい意見の応酬となった。

第二回では日弁連の委員の一人が、引き下げに慎重な検討を求める糟谷の発言をとがめた上、東京大学教授の団藤重光らとも言い争いになり、会議中に席を蹴って委員を辞任する一幕もあった。

だが、嘉子が丸い笑顔に左ほほのえくぼを見せながら、噛んで含めるように話すと、会議室の空気が和らいだ。芳武が言っていた「家庭裁判所の勤務になって母は話し方が変わりました」という効果は、ここでも発揮されていた。

嘉子が発言すると、法務省側の少年院幹部や検察官の委員や幹事まで、うなずいていたという。委員の中には、嘉子のことを「菩薩さん」と呼ぶ人までいた。

彼女は議論途中の昭和四七年に、新潟家庭裁判所の所長になった。しかし団藤が「三淵さんには代わってほしくない」と最高裁に依頼し、異例なことだが委員を続けた。嘉子は会議に合わせて毎回、新潟から上京している。

❋

糟谷によれば、当時の少年法部会の中で影響力を持っていたのが、法務省特別顧問の小野清一郎だったという。小野は東京大学名誉教授で、特に戦前から戦中にかけて立法や実務に広く影響を及ぼした研究者である。

ただし、太平洋戦争直前に設立された「日本法理研究会」では中心メンバーの一人となって「大東亜法秩序」などを唱え、戦後は公職追放の対象となる。追放解除後も保守派の立ち位置を変えることなく、法務省の特別顧問に就任した。

糟谷によれば、切れ味鋭い団藤も小野の発言には反論できず、ほかの参加者も小野の言葉をただ聞く状態だったという。

だが、嘉子は違った。彼女は部会の議論が始まる前には、家庭裁判所の考えを伝えるため、小野にも一人で会いに行っている。

周囲は「行ってもどうせ無駄だ」と引き留めたが、嘉子は「会ってみないとわからないじゃない」と平気で出かけていった。帰ってきた時には「お話はしたけど、あまりわかってもらえなかった」とさっぱりした様子だったという。

部会の速記録にも、この二人がやり合う発言がある。小野が嘉子の発言を批判し、嘉子が即座に反論している。

小野委員「悪く思わないでください──三淵委員のおっしゃったうち『（内容略）』とこういう御説ですけれど、どうでしょうかねえ、それはちと、裁判官の思い上がりではないですか」
三淵委員「私、名指しでおっしゃいましたので、もう専門の委員の方には十分おわかりでございますが、一般委員の方もおいでですので、私としてひと言反発させていただきたいと思います」

「裁判官の思い上がり」「ひと言反発させていただく」という応酬に、おそらく周囲はハラハラしたことだろう。ただ、嘉子は議論を長引かせない。しばらく自分の考えを述べた後、こう言って切り上げてしまう。

三淵委員「（前略）それで、あと小野委員のお話が延びますと、この審議に大変差し支えるかと思いますので、後のことは二人の間でお話しさせていただきたいと思います」
小野委員「それはずるいよ」
三淵委員「いや、もう後にいたしますから、私、うかがいますから、どうぞ」
（第六六回）

ここで言う「二人で話す」というのは、かつても小野を訪ねて二人で話したことをふまえているようだ。じゃあ後は二人でと言って一方的に終結させられると、小野も「それはずるいよ」と苦笑するほかなかった。

＊

六年半に及ぶ議論の末、法制審議会少年法部会は、昭和五一年一二月に「中間報告」がとりまとめられた。

当初の「要綱」にあった少年法の対象年齢引き下げは撤回された。一方でこの中間報告には、検察官の審判への出席、検察官の抗告を認めたことなどが盛り込まれている。検察の関与を強めた内容に、日弁連は猛反発している。

嘉子は当時、周囲に「私たちができたのは、ここまでです」と無念そうに話している。何とか年齢引き下げだけは食い止めた、というところだろうか。

だがその結果、現在に至るまで、少年法の対象年齢は二〇歳未満を維持し続けてきた。

対象年齢の引き下げは、平成二九（二〇一七）年からも法制審議会で議論された。五〇年近く前の議論が、また繰り返されたのである。

この時は、成人年齢が一八歳に引き下げられたことに伴う検討だった。このため関係者の間では「今度こそ少年法も引き下げられてしまうのでは」と懸念が強まった。

結果的に、令和三（二〇二一）年の改正少年法は、二〇歳未満とする対象年齢が維持された。ただし、一八歳と一九歳を「特定少年」とすることや、原則逆送対象事件の拡大など〝厳罰化〟はいっそう進んでいる。

この議論が続く中、水面下で引き下げ阻止の活動を続けた人々は多い。その中

●新潟家裁所長室にて（三淵邸・甘柑荘保存会提供）

で、ある家庭裁判所ＯＢは「三淵さんたちが食い止めた成果を、今ここでなくすわけにはいかない」と語っている。当時の「家裁の人」たちの苦労と努力は、半世紀が経っても関係者の間で語り継がれていたのである。

初の女性裁判所長

昭和四七年の春。

調査官の石井葉子は「どうやらうちに女性の所長が来るらしい」という噂を聞いた。

石井が新潟家庭裁判所で働き始めてから、四年目のことである。

若い彼女は、それまで裁判官というと男性しか見たことがなかった。女性は調査官と給仕に数人ずついるくらいだった。裁判所には夜間高校に通いながら学生服で働く少年少女がいた時代である。幹部はすべて男性に占められていた。女性は小さくなって男の上司に言われることを聞くしかない。

「部屋にたまった灰皿の掃除も女性の仕事だった時代です。裁判官それも所長が女性というのはどういう人か。当時は想像もつかなかったのですよ」

石井は取材にそう答えて笑った。

新潟家庭裁判所は新潟市川岸町にある。地名どおり信濃川に近く、地裁からは少し離れた独立の庁舎だった。コンクリート造り三階建ての建物は当時としては立派だったが、建物は傾いていた。昭和三九年に発生した新潟地震のためである。石井は、床に落とした鉛筆がころころと転がる部屋で仕事をしていた。玄関前の「新潟家庭裁判所」の石板は、庁舎が建て替えられた今も、裁判所の正面にある。

嘉子が新潟家庭裁判所に着任したのは昭和四七年六月だった。

日本で初の女性裁判所長であり、着任会見には地元の報道機関が一斉に集まった。この時の嘉子の発言は、事務局を慌てさせている。

当時も今も、着任時に新所長は神妙な面持ちで会見場に入り、「所長としての抱負」を話して終わる。何か質問されても「具体的な内容は差し控えます」が決まり文句だ。

ところが嘉子は、会見室ににこにこ笑顔で入ってきた。そして、各社から聞かれる前に、自分も夫も子連れの再婚同士であることや、夫の乾太郎とは別居で単身で来たことなどを明らかにしたのである。事務局は驚いたが、会見は彼女の物腰と口ぶりで、あっという間に和やかな雰囲気になった。

全国初という要素も加わり、テレビや新聞は嘉子の経歴を含めて大きく報じた。どこも好意的に紹介している。新潟で嘉子は一躍有名人になった。各地の婦人団体や教育機関から講演会の依頼が相次いだ。

嘉子はほとんど断ることなく、公務の合間を見ながら、小さな町の公民館まで出かけていった。そして家庭裁判所の役割や、若い親たちへ少年たちとの接し方などを、多くの人に伝えていった。

❀

まだ若手調査官だった石井は、これまで裁判所の所長と挨拶以外に言葉を交わしたことはなかった。前任者は出勤してから閉庁時間まで、ドアを閉めた所長室にこもり続けるような人だった。

ある日、石井は嘉子に呼ばれた。何かあったのかとおそるおそる所長室に入ると、何人かの先輩女性職員がいた。中心にいた嘉子は、笑顔で手招きした。

「お菓子があるから、食べにいらっしゃい」

嘉子が机の引き出しを開けると、中からお菓子が次々と出てきた。

石井はまあ、と口を開けた。

――所長の机からお菓子がたくさん出てくるなんて、なんてすてき。

それからたびたび、所長室で嘉子とお菓子を食べるのが、女性職員の楽しみになった。

話題は「洋服を買うのはどこのお店がよいか」など他愛もないことが多かった。石井には嘉子と、ありふれた会話を楽しむことができるのがうれしかったという。

仕事の仕方にも変化があったという。

「三淵さんは私たち調査官に、『調査官が事務官になってはいけない』と繰り返し言ってくれました。書類ばかり見ないで現場へ出なさい、という意味です」

それまで裁判所の所長が、調査官の仕事について助言してくれることなどなかった。

新潟では当時、女性の警察官や警察職員が夜の繁華街を見回りし、少年少女を補導していた。石井は自ら志願して夜のパトロールに同行したという。

「今なら別の組織の活動だとか、何かあったらどうすると言われるでしょう。でも、当時は三淵さんが所長だったから参加できたのです」

警察官が少年少女のどこを見ているか、どういう服装に注意が必要かなど、学ぶことが多かったという。

嘉子はそれまで新潟では行われていなかった「遠隔地への補導委託」も始めた。非行少年を民間組織に一時的に預かってもらい、生活指導を依頼することを補導委託という。ただ、新潟県内には委託先がごくわずかしかなかった。嘉子は、横浜市の民間施設まで少年を連れて行き、そこで補導委託を依頼したのである。

嘉子は所長になっても、自ら少年事件

●退官の日（横浜家庭裁判所）（三淵邸・甘柑荘保存会提供）

を引き受けた。身柄付きの事件も担当している。

石井は調査官として、彼女の少年審判を直接見ることになった。審判の部屋で、嘉子は大きな机を挟んで少年と向き合った。調査官の石井と書記官が二人の間に座っている。石井は嘉子の審理の様子が今も強く印象に残っている。

「三淵さんの少年審判は、動機を聞くとか反省の言葉を聞くとか、そういう形式的な段取りを追っていくのではないのです。何か流れるように進んでいくのが特長でした。『三淵さんの世界』とでも言うのでしょうか。少年が話し始めると、ぐっと身を乗り出して、『うん、それで』『もっと聞かせて』と語りかけるのです」

少年の家庭には問題のあるケースが多い。母親のような嘉子から「もっと聞かせて」と言われると、口数の少ない少年も懸命に自分の考えを話したという。

嘉子の審判に立ち会ったほかの職員と同様、石井もまた彼女の心のこもった「説諭」が感動的だったと話す。嘉子が切々と少年に語りかけ、少年も付き添いの母親も泣いた。石井も涙を流した。いつもはしかめっ面の高齢の男性書記官までもらい泣きしていたという。

❀

毎年二月には、十日町市で雪まつりが開かれる。嘉子は東京から来た夫の乾太郎と一緒に見学に訪れていた。

その時の二人の様子が、新潟で話題になった。嘉子が乾太郎と腕を組んで歩いていたからだった。今では何でもないことだが、「有名な偉い女性が夫と腕を組んでいる」ことだけでも噂になったのだという。

石井は嘉子が所長になって以降、家庭裁判所の空気が変わっていったと話す。

彼女の自然な振る舞いが、職員の間で「女性だから」という意識を取り除くようになり、男性職員も女性を対等に扱うようになったという。そして家庭裁判所の中が家庭的な雰囲気になり、チームワークが強まっていった。

その後、嘉子は昭和四八（一九七三）年には浦和家庭裁判所、昭和五三（一九七八）年には横浜家庭裁判所の所長となった。彼女は転勤した先でも自ら少年審判や調停を引き受け、少年友の会の活動を活性化させていった。

――うちの、お母さん。

若い職員たちから、彼女はいつしかそう呼ばれるようになった。

家庭裁判所の創設に奔走し、少年事件のピークを現場で支えてきた嘉子は、文字どおり「家庭裁判所の母」になったのだろう。

昭和五四（一九七九）年一一月。嘉子は大勢の職員に見送られて、横浜家庭裁判所の所長を定年退官した。

女性法律家第一号の退官は、テレビや新聞でも取り上げられた。ベージュのスーツに赤いベレー帽姿の嘉子は、ここでも職員たちに取り囲まれ、笑顔で裁判所を後にした。

「三淵氏」として世を去る

神奈川県の小田原駅から小田原城まで、観光客の多い町並みを抜けてトンネルをくぐると、道路の両側は区画が広くなる。左右にはゆったりとした大きな家が並ぶようになる。明治から戦前の政財界の邸宅跡も点在している。

住宅が建ち並ぶ緩やかな南斜面の途上に、初代最高裁長官の三淵忠彦の旧宅がある。当時忠彦は病身をおして、ここから霞が関の最高裁判所まで東海道線で通った。

当時、小田原から通勤する会社員数人が協力して、〝長官席確保運動〟を行っていたという逸話が残る。病気の忠彦が座れるよう、交代で混雑する車内の席を毎日確保していたのである。

旧宅は敷地が約三〇〇坪。数寄屋風の木造家屋は今も当時のまま貴重な姿を残している。茶室と南に向いた縁側が特徴で、昼間はガラスの引き戸を通して室内に注ぐ日差しが柔らかい。庭には芝が植えられ、柑橘が黄色い実をぶら下げてい

る。
今、旧宅は「甘柑荘（かんかん）」と呼ばれる。維持していくことも大変だが、親族はできるだけ当時のままの姿を保ちながら丁寧に手入れを続け、定期的に公開も行われている。
旧宅の西側にあった小さな物置から、三〇冊ほどの写真アルバムが見つかった。アルバムは嘉子が整理したものだった。

●車中より日比谷公園を眺める嘉子と乾太郎
（三淵邸・甘柑荘保存会提供）


年ごとに分類され、各ページには彼女の字で撮影年月と場所が書かれている。

一番古いものは昭和三一年。乾太郎と再婚し、目黒の官舎で暮らし始めた頃から始まる。

まだ若々しい嘉子と乾太郎が自宅でくつろぐ様子。着飾って銀座を歩く二人。同僚や部下たちが集まっての官舎での宴席。旧宅の縁側に双方の連れ子と並んだ記念写真。家族で麻雀をしている写真もあった。

写真は再婚後の嘉子の人生をなぞるように記録している。

嘉子が退官した昭和五四年頃からは、すでに退官していた乾太郎と夫婦二人の旅行写真が続く。金沢、萩、福山、高松、甲府、新潟。どこも二人並んでフレームに収まっている。甲府と新潟は乾太郎と嘉子がそれぞれ所長を務めた場所である。思い出の地を回ったのだろう。さらにはデンマーク、フランス、中国、嘉子の生まれたシンガポールにも出かけている。

再婚後も互いに転勤が続いた。嘉子が東京にいる時は乾太郎が甲府、乾太郎が戻ったら今度は嘉子が新潟と、すれ違いが続いた。ようやく落ち着いて暮らせるようになり、各地を旅行して回ったのだろう。

嘉子は昭和五五（一九八〇）年には弁護士登録をするが、芳武によると弁護士の活動はほとんどなかったという。少年友の会の常任理事や東京家庭裁判所の調停委員など、家庭裁判所に関わる公職に忙しい毎日だった。同期の久米愛が亡くなり、日本婦人法律家協会の会長にも就任した。労働省の男女平等専門家会議の座長も務めている。

退官した一一月の専門雑誌に、「少年審判を語る〜三淵嘉子判事を囲んで」という退官記念の座談会が掲載されている。この時司会を務めた糟谷忠男に「一六年間もなぜ家庭裁判所の仕事を続けることができたのか」と聞かれた嘉子は、こう答えている。

「やっぱり、私は、人間を信じているということなのじゃないかな。人間というものを信じている。だからどんなに悪いと言われている少年でも、少年と話をして審判をしているときに、必ずこの少年は、どこかいいところがあって、良くなるのじゃないかと希望を失わないです」

そして少年審判の魅力と責務をこう述べている。

「私ども裁判官は限界というものを感じますよね。民事裁判でも、刑事裁判でも、最後は法律で割り切らなければならない。あるところでぶつっと判決してしまえば、それからあとは私は知らないということになってしまう。ところが、少年事件というのは、自分の前に来た少年の一生、ずっと続く人生のレールを、少なくとも私どものところにきたときにまっすぐな方向に方向づけだけでもしてあげなければいけないという意味で、一人の人間の一生につながった責任を感じるわけですよね」

❀

昭和五八（一九八三）年二月頃から、嘉子は背中や肩がひどく凝るようになった。翌月には胸の骨が痛むようになった。本人は疲れが原因だろうと考えていた。だが、マッサージを受けても回復しない。

六月には激しい痛みで国立国際医療センターに入院した。そこでがん細胞が発見される。抗がん剤治療を受けるようになった。転移性の骨がんであった。

実子の芳武は嘉子にがんを告知していた。

「母とは以前から話をして、万が一の時も病名は隠さずに伝えてほしいと言われていました。母は冷静に受け止め、治療を受けていました」

この頃、夫の乾太郎も闘病していた。芳武はほかの子どもたちと手分けして二人の世話に追われている。

嘉子は九月にいったん退院するが、入れ替わるように乾太郎が今度は国際医療センターに入院する。

嘉子は歩行が難しくなり、車椅子を使うようになった。一二月には再入院することになった。年が明けると、腰や背中、胸、首と全身の痛みに苦しめられるようになる。人工呼吸器が取り付けられ、多くの人に愛されたえくぼの丸顔は小さくなって、器具で固定された。

乾太郎の次女、奈都（なつ）の夫である森岡茂は、その後の嘉子の様子をこう書いている。

「義母の昏睡状態がしばらく続いた後、昭和五九（一九八四）年五月二八日夕刻、付き添いの家政婦さんから危篤を知らされ、私と奈都は国立医療センターに駆けつけた。親族はまだ誰も来ておらず、数人の医師と看護婦が人工呼吸を施していた。義母の体は大きく波打ち、その有様は激浪に難航する小舟のようだった。奈都はとても見ていられないと言って席を外した。医師は、私に絶望を告げ、人工呼吸を止めてよいかと尋ねたが、私は、芳武君が来るまでは続けてほしいと頼んだ」

芳武はまもなく到着する。森岡の配慮で彼は母親の最期に間に合った。医師は人工呼吸を停止した。嘉子は息を止めた。

森岡は「先ほどの修羅場が嘘のように

静かな死に顔だった」と記している。

　医師が姿を消し機械音の消えた病室には、嘉子の遺体と遺族が残された。

　しばらく誰も言葉なく立ち尽くしていたが、やがて芳武は、亡くなった母に近づき、髪をなでながら、低い声でこう歌い出した。


——ここはお国を何百里、離れて遠き、満洲の……。


　それは「戦友」の歌だった。最初の夫の芳夫が出征し、疎開先の福島で畑仕事をしていた時に嘉子が口ずさんでいた歌である。戦争が終わってからも、小さい芳武を背負い、あるいは手を引きながら歌っていた。

　私は芳武にこの時の思いを聞いた。彼はにこやかに「気がついたら歌ってたんですよ」と答えた。

「子どもの時から聞いていた母の歌というのは、これだから。あと、母の人生は闘いだったんです。亡くなった母を見たら、ああ闘いが終わった、と思ったんです。よかったね、よくやったよ。そう思ったら、自然とあの歌を歌っていたんです。不思議ですね」

❀

　小田原市の旧宅を出てすぐの古い石段を上ると、霊寿院がある。

　そこには三淵忠彦の墓と並び、嘉子と乾太郎の墓がある。乾太郎は翌年、彼女を追うように世を去った。

　嘉子は生前の希望で、ここ小田原の霊寿院と丸亀の和田芳夫の墓に分骨された。丸亀の墓には「和田嘉子」と書かれている。

　一方、小田原では嘉子と乾太郎の氏名が墓石の側面に書かれ、前面には「三淵氏の墓」と刻まれている。

　親族によれば、墓石のこの文字は嘉子が書いてもらったものだという。周囲はどこも「○○家の墓」である。「三淵家」と書かずに「三淵氏」としたのはなぜか。

　戦後、民法の改正作業を手伝った嘉子は、戦前「家」制度を廃止する現場に立ち会っているのだが、そのことが理由とも思えない。

　嘉子にも乾太郎にも連れ子がいた。家族構成が複雑なだけに、誰でもこの墓に入ることができるよう、「家」という言葉をあえて使わなかったのではないか。

　そう考える方が、しなやかな嘉子らしい。

　そして「三淵氏の墓」には、三淵嘉子が乾太郎と一緒に、今も眠っている。

●霊寿院（小田原市）

✎ 主要参考文献一覧

三淵嘉子さん追想文集刊行会編『追想のひと三淵嘉子』(私家版、1985年)

三淵嘉子先生追悼文集刊行委員会編『三淵嘉子先生追悼文集　しのぶもぢずり』(私家版、1985年)

三淵嘉子執筆者代表『女性法律家——拡大する新時代の活動分野』(有斐閣、1983年)

佐賀千恵美『華やぐ女たち　女性法曹のあけぼの』(早稲田経営出版、1991年)

清永聡『家庭裁判所物語』(日本評論社、2018年)

清永聡・矢沢久純『戦時司法の諸相』(溪水社、2011年)

最高裁判所事務総局家庭局編『家庭裁判所の諸問題　上下』(法曹会、1969、1970年)

最高裁判所事務総局編『家庭裁判所三十年の概観』(法曹会、1980年)

法務省法務大臣官房司法法制調査部『法制審議会少年法部会会議議事速記録』(1970〜1976年開催分)

東京家庭裁判所編『東京家庭裁判所沿革誌——創立五周年記念』(私家版、1955年)

東京家庭裁判所『少年法改正問題について』(私家版、1970年 6 月)

宇田川潤四郎『家裁の窓から』(法律文化社、1969年)

守屋克彦ほか『守柔——現代の護民官を志して』(日本評論社、2017年)

守屋克彦編著『日本国憲法と裁判官——戦後司法の証言とよりよき司法への提言』(日本評論社、2010年)

倉田卓次、関根小郷・和田嘉子監修『裁判官の戦後史』(筑摩書房、1987年)

三淵忠彦『日常生活と民法』(法曹会、1950年)

三淵忠彦『世間と人間〔復刻版〕』(鉄筆、2023年)

野村二郎『法曹あの頃　下』(日本評論社、1981年)

増永遙『新制高等試験　行政・司法科・予備・本試験　受験法』(大明堂書店、1942年)

松井康浩『原爆裁判　核兵器廃絶と被爆者援護の法理』(新日本出版社、1986年)

最高裁判所事務総局家庭局『少年法改正要綱に関する意見』(1971年)

佐藤昌彦・和田嘉子『アメリカの家庭裁判所について』(昭和25年 9 月開催　全国家事審判官会同協議録　1950年)

明治大学短期大学史編集委員会編『明治大学専門部女子部・短期大学と女子高等教育——1929-2006』(ドメス出版、2007年)

中山研一『佐伯・小野博士の「日本法理」の研究』(成文堂、2011年)

武内謙治『少年法講義』(日本評論社、2015年)

高野耕一『裁判官の遍歴——遠い雪』(関東図書、2000年)

後藤卓也『労働組合運動にみる東京家庭裁判所物語——1949年〜1992年』(私家版、2011年)

後藤卓也編『裁判所に民主主義の灯をともして——東京家庭裁判所に働いた労働者の足跡(一)1949年〜1958年』(私家版、2006年)

三淵嘉子「仕事に生きる喜び」婦人之友52巻 8 号(婦人之友社、1958年)

三淵嘉子「愛の裁判所」法律のひろば 2 巻 4 号(法務庁法規課、1949年)

三淵嘉子ほか「《座談会》少年審判を語る——三淵嘉子判事を囲んで」判例タイムズ396号(判例タイムズ社、1979年11月)

糟谷忠男「三淵嘉子さんを偲んで」判例タイムズ526号(判例タイムズ社、1984年 7 月)

野村正男「女性開眼　人情のアンパイヤー　和田嘉子判事の横顔」婦人朝日 8 巻 8 号(朝日新聞社、1953年 8 月)

村上一博「三淵嘉子——NHKの連続テレビ小説(朝ドラ)の主人公のモデルとなった女子部出身の裁判官」明治大学史資料センターHP

荒井史男、亀山継夫、内藤文質、松尾浩也、平野龍一、的場武治「少年法改正の「中間報告」上・下」ジュリスト632号、633号(有斐閣、1977年 3 月)

日本婦人法律家協会「婦人法律家協会会報No.1〜28」(私家版、1958年〜1990年)

松田優子「女性裁判官の任用をめぐって」法律時報43巻3号(日本評論社、1971年 2 月)

高桑昭「回想『原爆判決』について」成蹊法学78号(成蹊大学法学会、2013年 6 月)

松本冬樹「『さつき会』の思い出」近藤完爾ほか『裁判今昔』(西神田編集室、1988年)

［第2部］

三淵嘉子ゆかりの人々

〔第2部〕

三淵嘉子ゆかりの人々

「家庭裁判所の父」
天真爛漫な初代最高裁家庭局長

宇田川潤四郎

Junshiro Udagawa

The People around
Yoshiko Mibuchi

初代最高裁家庭局長として、昭和二四年全国に設立された家庭裁判所の整備に力を尽くした「家庭裁判所の父」である。家庭局付だった三淵嘉子の上司で、後に家庭裁判所の裁判官となる彼女に強い影響を与えた。

　朗らかで人に好かれやすく、うれしいことがあると「うひょー！」と大きな声を上げ、テレビドラマを見ると悲しいシーンですぐに泣いてしまう。硬そうな髪を七三に分けて、鼻下にはちょび髭。どこかユーモラスで、裁判官らしくない天真爛漫さと感情豊かな性格だった。卓越したバイタリティの持ち主で、部下たちを束ねて全国の家庭裁判所の整備に文字通り猛進した。

　宇田川は明治四〇年、東京・本郷に生まれた。裁判官だった三一歳の時、家族を連れて満洲へ赴任し、新京地方法院の審判官になる。その後、司法教育機関の教官となり、中国人の若者たちに法律を教えた。宇田川は教え子たちに「先生」と慕われ、毎日のように彼らを家に呼んで、一緒に夕食を食べたという。

　だが敗戦後、暮らしは一変する。

　宇田川は新京の日本人指導者層とみなされる。終戦時に国民学校五年生だった長男の潔によると、ソ連軍に戦争犯罪人として指名を受けた。だが、教え子だった中国の若者たちは、宇田川を助けようと努力する。

　教え子の一人は「宇田川先生はソ連軍によって指名手配されている。情報を流すから逃げてほしい」と、実際にソ連兵の情報を自宅へと密かに伝えてきてくれた。

　一家五人は昭和二一年八月にようやく帰国する。

　宇田川は辿り着いた上野駅で、数十人の浮浪児たちを目の当たりにする。自分の子どもたちと変わらない年の少年少女が、ぼろぼろの衣服で力なく横たわっていた。中には半裸の幼児もいた。故国の変わりように、彼は大きな衝撃を受ける。

　帰国後の赴任先は、裁判所ではなく京都少年審判所の所長だった。そこで彼は戦災孤児の救済のため活動を始めた。

　宇田川は大学を演説して回り、少年保護司だった徳武義とともに、実に四〇〇人の学生を組織して「京都少年保護学生連盟」を作り上げた。日本初のBBS*である。次に彼は活動資金が必要だと考えた。芸能人を次々と京都へ呼んでチャリティー公演を行う。集まった資金を彼は学生たちに渡して少年たちの保護観察を任せた。

　さらに、宇治市にあった旧日本軍の火薬貯蔵庫と射撃場の跡地の払い下げを受け、昭和二二年に宇治少年院を作った。戦後の混乱期とはいえ、少年審判所長が一人で少年院の敷地まで確保するのは、並大抵のことではない。

　宇田川の活躍は、東京でも評判になる。

　昭和二四年一月、全国に家庭裁判所が創設されると同時に、最高裁には家庭局が置かれた。宇田川は初代家庭局長に抜擢される。彼は秘書課長だった内藤頼博とともに、制度作りを担った。

発足から間もない一月一二日から一四日まで、最高裁で長官所長会同が開かれた。ここで宇田川は、全国の高裁長官や地裁所長を前に「家裁の五性格」を発表する。家庭裁判所が「独立的・民主的・科学的・教育的・社会的」性格を具有していることを説明し、「運用にあたってはその性格を十二分に発揮するよう」求めた。宇田川の「家裁の五性格」は特に発足から一〇年あまり繰り返し引用されて、スタートしたばかりの家庭裁判所の基本理念となった。

最高裁家庭局での宇田川は、若い部下たちが自由に議論することを喜んだという。新しいアイデアが出ると目を輝かせて聞いた。ところが細かな法律議論は苦手で、会議が始まると責任者の宇田川が真っ先に居眠りしてしまう。

宇田川の家庭局長在籍は昭和三二年まで、実に八年に及んだ。今なお家庭局長の最長在籍期間である。この間に作られた制度は数多い。調査官制度、医務室、履行確保、専門誌の創刊、調査官研修所の設置など、多くが現在も受け継がれている。

その後は研修所の所長などを経て、昭和四四年に内藤の後任として東京家庭裁判所の所長に就任する。

東京家裁では、少年審判部の三淵嘉子と再び同じ職場になる。少年事件が戦後二度目のピークと呼ばれ、社会の少年に対する目がひときわ厳しくなった時代である。事件数のあまりの増加に、宇田川自身も少年審判部を一つ受け持っている。

やがて、少年法の対象年齢引き下げが、法制審議会で議論されることになる。当初の案は対象年齢を一八歳未満に引き下げ、一八、一九歳を「青年」として、基本的に成人と変わらない刑事訴訟手続で取り扱うというものであった。

この案を読んだ時、宇田川はこう叫んだという。

――おそるべき破壊案、現場の実務を知らない人の観念的机上論。

この案では一八歳と一九歳が検察官先議になって家庭裁判所の手を離れてしまう。自ら二〇年間積み上げてきた家庭裁判所の理念が、根底から崩されると考えたのだろう。

この頃、宇田川は発熱と下血に悩まされていた。遺族によれば、多忙を理由になかなか病院へ行こうとはしなかったという。診断の結果は直腸癌で、二度の手術を受ける。衰弱していくが、彼は登庁をやめず、部下たちははらはらし通しだった。家庭裁判所が創設以来の危機を迎え、いてもたってもいられなかったのだろう。

法制審議会への諮問が行われた昭和四五年六月、東京家庭裁判所から最高裁へ一通の上申書が提出されている。題名は「少年法改正問題について」。作者は宇田川潤四郎と書かれている。

末尾にはこう記されている。

「なにゆえに、さほどまでに問題の多い改正を急ぐ必要があるのか。われわれは、その真意を理解することができない」

この言葉が、宇田川の絶筆となった。

法制審議会少年法部会が開かれる直前の七月下旬、部下の三淵嘉子と糟谷忠男は宇田川を見舞いに訪れている。二人は少年法部会の委員と幹事に選ばれていた。

宇田川は、二人を枕元に呼んで悲痛な声でこう述べたという。

「自分は少年法改正のこと、家庭裁判所の将来が心配で、死んでも死にきれない気持ちでいる。どうか、あとのことをよろしく頼む」

そして涙を流す二人の手を、代わる代わる握った。

その一〇日あまり後の八月四日、宇田川は六三歳で死去した。

＊Big Brothers and Sistersの略。非行などのさまざまな課題を抱える少年少女に、兄や姉のような立場で寄り添う、アメリカ発の青年ボランティア運動。

［第２部］

三淵嘉子ゆかりの人々

リベラリストな「殿様判事」

家庭裁判所創設のキーパーソン

内藤頼博

Yorihiro Naito

The People around Yoshiko Mibuchi

新宿の中心部をかつて「内藤新宿」と呼んだ。その名は、旧信州高遠藩主の内藤家に由来する。裁判官の内藤頼博はその一六代当主にあたる。

いまも新宿区には内藤町の地名が残る。一帯はかつての内藤家の敷地である。そもそも御一新までは隣接する新宿御苑も内藤家の庭園だった。

内藤頼博は高い鼻と目もと涼しげな二枚目。身長一七五センチと当時としては長身だった。戦前は裁判官としては珍しい子爵で高貴な雰囲気を身にまとい、ついたあだ名は「殿様判事」である。

長男の頼誼は「あれほどモテた人はいませんね」と語る。古典芸能が趣味で社交的だったため、芸能界にも多くの友人がいた。ただし、酒は一滴も飲めなかった。「これでお酒が飲めたら、さぞかし夜の街でも大変だったでしょう」という。

紳士的な振る舞いで職員や若手裁判官に人気があった。女性職員たちは、休日に大勢で自宅を訪ねることもあったという。

法服を着て廊下を歩いていた若手裁判官は、反対側から内藤が歩いてくるのに気づいた。驚いて頭を下げようとした時、内藤は自らすっと脇に立って道を空けたという。それは、法服姿の裁判官に対する敬意の表れであった。

一方で最高裁事務総局に対しては、「うるさがた」の側面もあったという。あるＯＢは事務総局時代、並みいる幹部が、名古屋高裁長官だった内藤の上京に戦々恐々としていたことを覚えている。「迫力がありました」という証言もある。

内藤が家庭裁判所との関わりを持つようになったのは、昭和一五年のことだった。司法省の命令で、アメリカの家庭裁判所へ視察に出向いたのである。

「このときの印象は、若いときだっただけに強かったんです。

州によって裁判所が違うこともめずらしかったし、大都会のニューヨークなどに家裁らしい家裁がありました。家裁には医者もいるし、職業の適性検査みたいなこともやっているし、初めはただ不思議で何のことかよく分かりませんでしたが、これがケースワークというものだったのですね。ニューヨークの家裁には一週間通いつづけ、全部見せてもらいました」（『法曹あの頃　上巻』）

彼は家庭裁判所の仕組みにすっかり夢中になった。戦後も息子の頼誼にこの時の体験を繰り返し語っている。

内藤は、昭和一三年に十数人の判事で結成された「さつき会」の中心人物だった。さつき会では「行政官である司法大臣が裁判所を監督するのは司法権の独立に反する」「判事は裁判に専心すべき」などと主張していた。会員たちは、やがて司法省への転任を断るようになり、幹部の間で問題視されるようになる。内藤の同期の三淵乾太郎も会に加わっている。

終戦によってさつき会は消滅し

た。昭和二二年八月、内藤は乾太郎から「親父に会ってほしい」という伝言を受ける。訪ねていくと、初代の最高裁長官となった三淵忠彦から、秘書課長になるように要請を受けた。

「三淵さんは、若い人を知らないから、どんな人がいるのか教えてくれ、と言われるのです。私は、いま誰しも認める人として、躊躇なく人事なら石田和外、民事なら関根小郷、刑事なら岸盛一、会計なら吉田豊と、四人の人を上げました」(『裁判官の遍歴　遠い雪』)

　この四人はそのまま事務総局入りし、内藤とともに戦後司法のキーパーソンとなる。

　昭和二四年一月一日に、最高裁に家庭局が発足する。内藤は初代局長の宇田川潤四郎と家庭裁判所作りに乗り出した。宇田川の長男の潔は、夜中に自宅へ内藤が訪ねてきたことを覚えている。酒の飲めない内藤はお茶を飲みながら、家庭裁判所について議論していた。内藤が殿様なら、宇田川は天真爛漫。ともに理想主義者で意気投合したという。

　家庭局は当時、最高裁事務総局の新参部局だった。しかも宇田川は裁判所らしくない取り組みを次々と行うため、ほかの局の風当たりは強かった。内藤は秘書課長から総務局長に昇進するが、この間、常に宇田川を味方している。

　内藤はニューヨークでの視察で、裁判所が国民のために存在するという「司法の理想」を見いだし、戦後全国に設立された家庭裁判所に、その理想を託そうとしたのではないか。

　昭和三二年に内藤は、家庭裁判所調査官研修所の初代所長に就任する。最高裁の総務局長まで務めた人物が、定員五〇人ほどの小さな研修所の所長になるのは異例だった。

　内藤は、調査官研修所を「理想の学校」に育てていく。彼が自ら頭を下げて依頼した講師は、憲法が宮沢俊義、家族法が中川善之助、少年法が平野龍一、法社会学が川島武宜、社会保障論が大内兵衛。一般教養には歌舞伎の河竹繁俊など、最高裁があっと驚く人材を集めた。

　内藤は当時、部下に「一流ではダメだ、日本一を呼ぶんだ」と語っていたという。まさに日本一の豪華講師陣である。しかも研修所には裁判官の教官を一人も配置しなかった。裁判官たちも多くの授業を担当させられたが、彼らはあくまで授業の「講師」であり、研修所所属の教官ではなかった。外から招いた超一流の講師による授業と、幅広い教養こそ必要だという内藤の理想主義であった。

「ただちに役立つ調査官を養成するということよりも、将来の、一〇年先の調査官をつくる」。目先のテクニックではなく、調査官に家庭裁判所の未来を託すという理念を持っていたことがわかる。研修生となる調査官は、一切学歴不問で将来の中核となるような熱意ある人材を集めた。

　その後は昭和三八年から四四年まで東京家庭裁判所の所長を務め、三淵嘉子の上司となった。三淵や野田愛子が構想した「少年友の会」の実現にも協力した。

　戦後司法の発展にこれだけ多くの役割を果たした内藤だが、名古屋高裁長官で退官し、最高裁判事に選ばれることはなかった。最高裁発足時、彼が三淵忠彦に推薦した石田ら四人が全員最高裁入りしていることとは対照的である。

　自身が語っているところによれば、昭和四七年に長官の石田和外は内藤に「今度最高裁の判事に君を推薦したいと思う」と述べたという。しかし、この人事はなぜか潰れる。リベラル派として知られた内藤の登用を、遮る力が働いたと推察されている。彼自身は「要は私の不徳の致すところで、石田さんには本当にお気の毒でした」と苦労をともにした石田を逆に気遣う言葉を残している。

　退官後は多摩美術大学学長や学習院院長を務め、平成一二年に九二歳で逝去する。

日本初の女性法曹のひとり
女性の権利擁護で活躍

久米愛

Ai Kume

The People around
Yoshiko Mibuchi

久米愛は、女性で初めて弁護士となった三人の一人であり、女性の権利擁護のため指導的な役割を果たす生涯を送った。

明治四四年、大阪に生まれる。津田英字塾で英語を学び昭和八年に卒業するが、この年、弁護士法が改正されて、女性にも弁護士への道が開かれると知ると、今度は明治大学専門部女子部へ入学する。

ともに高等試験司法科に合格した中田正子は、久米のことをこう書き記している。

「（久米さんは）度の強い縁なし眼鏡の奥に理知的なひとみが輝いていました。きりりとした身のこなしや態度に、最初はちょっと近づき難い感じもしましたが、話してみるととても親しみ深くユーモアも十分、持ち合わせていられて、すぐ仲良しになることができました」（婦人法律家協会会報一六号）

経歴から気の強い女性というイメージを持たれることもあったが、久米を知る人はその多くが、優しくさっぱりとした彼女の親しみやすい人柄を語っている。ある研究者は彼女のことを「ソーダ水」と呼んでいたという。その言動に胸のすく爽快さがあったためだ。

高等試験を受験する昭和一三年一月、彼女は日立製作所に勤務する久米知孝と結婚する。知孝は北九州の工場に配属され、九月には軍隊へ召集された。

この年の一一月、合格発表翌日の「東京日日新聞」には、二人の合格を伝える記事の見出しに「中に皇軍勇士の夫人も」とあった。これが久米のことである。

修習を終えた久米は、丸の内にあった有馬忠三郎（戦後日弁連初代会長）の事務所で働くようになった。

「法律新報」という専門誌には、昭和一六年九月に「我が裁判史上婦人弁護士最初の熱弁」という長文の法廷傍聴記事がある。登場する「婦人弁護士」は久米であった。

担当したのは、二九歳の女性が生後七〇日の実子を殺害した事件である。被告人は男から関係を求められ男児を出産するが、直後に別れ話を持ち出され、子どもと心中しようと犯行に及んだという。

主任は男性弁護士で、久米は補助役であった。それでも九月一七日の二回目の法廷は久米が弁論を読み上げるとあって、傍聴希望者で法廷は満席だった。

「久米愛子（ママ）弁護士は法服法冠の姿もうつり良く、堂々たる中にも淑やかさを備えた立派な態度で弁論に入った、落ち着きはらった頼もしい音声である」

記事は法廷でのやりとりを描写も交えて伝えている。彼女が述べた弁論も紹介されている。

『「人間として親子の情愛は最高のもの、ことさらに母親に於て一層深いものであります。実に母はその子の為には如何なるギセイも厭いません。その我が子を殺すに至った被告は実にやむにやまれぬ、どうにもせむ方つきての母子心中を選ぶ他なかったのであります』

水を打った如き法廷に、再度執

行猶予の恩典を求める久米女史の切々胸を打つ弁論は終わった。深く頭を垂れた。被告の肩は細かにふるえて、ふっくらとした両頬に紅さしている」（法律新報六二七号）。

名調子の傍聴記で続きが気になるが、判決の記事は掲載されていない。被告人がどうなったのか、久米がどういう感想を抱いたのかは分からない。

彼女が法廷に立った昭和一六年九月。夫の知孝は再び召集され、今度は満洲へ送られた。だがハルピンで肺炎にかかり、翌年帰国する。久米は幼い二人の子どもと夫の看病に追われた。昭和二〇年には岡山県津山に疎開した。夫は東京に残り、久米は二人の子どもを連れて岡山へ向かう。夫の知孝は、弁護士の佐賀千恵美の聞き取りにこう答えている。

「疎開した人間は、向こうから見たら、やっかい者です。愛はずいぶん気を遣ったようです。慣れないのに野良仕事を手伝いました。子どももまだ四歳と二歳だったので、子どもにも手がかかりました。愛は食べ物や着る物が悪くても、こたえなかったようです。むしろ疎開先に気兼ねして、精神的にまいっていましたね」（『華やぐ女たち　女性法曹のあけぼの』）

帰京して間もない昭和二一年には、四歳の長男を亡くす。戦後すぐのことで、医師の診察でも原因が分からないままだった。彼女にとっては、最もつらい時期であった。

疎開先から戻った久米は、再び有馬の事務所に所属した。GHQの通訳をしたこともあったという。津田塾で学んだ久米は、英語が得意だった。

当時多かったのは、米兵などアメリカ人男性と日本人女性の離婚などのトラブルだった。ある調停委員は、家庭裁判所の調停で久米の活躍ぶりをこう語る。

「金持ちの男が、西欧人の弁護士を連れてきたのです。女の人には久米愛さんがついてきたのです。これはうれしかったですね。久米さんが強い強い、しかも英語でね。男の方は向こうのアメリカ人の一流弁護士です。久米さんは英語でやりあいやりあいで、大したものでしたね。とうとうその弁護士をペシャンコにしてしまいましてね。いうなりの慰謝料を取ったのです。そして離婚成立。もうあのときほどうれしかったことはないの」（ケース研究二一一号）

調停委員は中立な立場のはずだが、よほど溜飲が下がったのだろう。大喜びである。

昭和二五年に久米は渡米する。GHQが日本の女性たちをアメリカに招いた「婦人使節団」の一員であった。法律家の女性は久米ただ一人だった。三淵も同じ年、最高裁に命じられてアメリカの家庭裁判所を視察しており、二人が似たような経験を積んでいることがわかる。同じ年には日本婦人法律家協会が発足し、久米は会長に、三淵は副会長に就任する。

昭和三〇年代からは、日本政府の代表として、国連総会や委員会に出席することが増えていった。昭和四三年には国連の世界人権会議でイランへ、翌年には国連総会でアメリカへ出張している。日本を代表する女性として、世界で活躍するようになっていった。

昭和五一年、日弁連は久米を女性初の最高裁判所判事の候補に選んだ。候補になったことだけで大きく報じられたが、この年の三月、最高裁判事に就任したのは、日弁連がもう一人推薦していた環昌一であった。女性の最高裁判事は平成六年の高橋久子まで、実に一八年間待つことになる。

だが、久米が最高裁判事に選ばれていたとしても、結果的には勤め上げることは難しかっただろう。彼女は体調不良を訴え、すい臓癌で同年七月に世を去ったためである。

亡くなる時まで、彼女は日本婦人法律家協会の会長であった。

［第２部］
三淵嘉子ゆかりの人々

日本初の女性法曹のひとり
女性初の弁護士会会長

中田正子

Masako Nakata

The People around
Yoshiko Mibuchi

　三淵嘉子、久米愛とともに女性初の法律家となったのが、中田正子である。彼女は戦後鳥取市で弁護士事務所を開き、後には鳥取県弁護士会の会長も務めた。女性初の弁護士会会長である。地域で活躍する女性弁護士の先駆けだった。

　中田には弁護士の佐賀千恵美が、昭和六一年当時、健在だった本人に貴重な聞き取り取材を行っている。この記録を主な参考文献として、彼女の生涯を辿っていく。本稿で引用した中田の発言は一部を除き佐賀の『華やぐ女たち　女性法曹のあけぼの』による。

　明治四三年、東京・小石川の生まれで、父親は田中国次郎、現在の米子市出身の元陸軍大佐だった。彼女は新渡戸稲造が校長だった女子経済専門学校を出て、昭和六年に日本大学法学部の選科として入学する。女性であるため正規の学生としては扱われていなかった。

　中田は昭和九年に明治大学専門部女子部に編入する。

　彼女は三人が高等試験司法科に合格する前年、昭和一二年の試験も受験していた。この年、女性としてはただ一人、筆記試験に合格していたのである。「ついに女性弁護士誕生か」と話題になり、自宅には新聞記者が押しかけた。だが、口述試験で不合格となる。

　中田は「普通に答えられました。私は当然、受かると思っていました。不合格だったのでびっくりしました」と語っている。当時は「女性だから落とされたのではないか」という声も上がったという。

　だが、もしこの年に合格していたら、「初の女性弁護士」の肩書きは中田が一人で背負っていたことになる。おそらくそれは彼女にとって重荷だっただろう。

　翌年の昭和一三年の筆記試験で、今度は三淵と久米の二人が合格する。中田は彼女たちと一緒にこの年の口述試験を受け、今度は三人そろって合格できた。

　「三人の母校明治大学を始めいろいろな団体が祝賀会や激励会を催してくださいましたが、殊に市川房枝さんの婦選獲得同盟ほか六つの婦人団体が共催の会では激励と期待のありがたい言葉を浴びるほどいただきました。当時のわれわれ三人は試験に合格したというだけで、それらに応えるだけの実力や気負いもなく、まったく受け身の形で聞いていたことを、今微笑ましく思い出します」（『追想のひと三淵嘉子』）

　翌年、合格した三人は、いずれも丸の内の法律事務所で修習を行った。丸ビルのレストランに集まって一緒に昼食を食べたり、皇居の周りを散歩しておしゃべりを楽しんだりしたという。

　修習後、中田は戦後司法大臣も務めた岩田宙造の事務所に勤務するようになる。どのような仕事をしたのか。

　「政治家や財閥の人に妾がいるのね。妾に産ませた子どもを、戸籍上は本妻の子にしてあるわけ。子と本妻には親子関係がないというための裁判をやりました。

法廷では普通、当事者に敬称はつけません。私も政治家や財界の人の名を、『だれだれ』と呼び捨てにします。すると、裁判官はにやにや笑っていましたね。私は若い女で、相手は有名な人物ですから」

中田はほかにも婦人雑誌「主婦の友」で、法律相談の欄を担当するようになる。ここでも一番多いのは、男女関係の相談だったという。掲載される相談のほかにも、毎週相談の手紙が一〇〇通以上届いた。中田は掲載していない手紙にも返事を書いた。一人では間に合わず、後輩の女性にも手伝ってもらった。

昭和一四年に中田は結婚した。夫の吉雄は鳥取県若桜町の出身で、財団法人の東亜研究所に勤務していた。国策への貢献を目的とした調査機関であった。

戦争末期、吉雄は結核にかかり、病状が悪化した。空襲も烈しくなったことから、昭和二〇年四月に、中田は吉雄とともに、夫の実家である鳥取県若桜町へ疎開する。

若桜町は兵庫と岡山の県境に近い中国山地に囲まれた山林の町である。中田はここで弟の妻に教わりながら農作業をする。炎天下の水田に入って草取りをし、養蚕も手伝った。父が鳥取県の出身とはいえ、中田は東京生まれで東京育ちだった。慣れない農作業に苦労する日々だった。

戦後、健康が回復した夫の吉雄は県議会議員になり、昭和二五年には参議院議員に当選した。東京に帰りたいと思っていた中田だが、国会議員の妻となって家を守る役割を担うことになる。自身も夫の選挙のたび「街頭に立ったり、演説会で話したり。一生懸命でした」と語っている。夫を支えて自らも選挙カーで呼びかけを行った。

吉雄は三期一八年、社会党の参議院議員を務めたが、激戦となったのは三回目の昭和三七年六月二日の選挙だった。得票数は吉雄が一一万七九九一、対立候補の自民党の宮崎正雄が一一万七九五二。わずか三九票差の勝利だった。

この結果を不服として宮崎は裁判を起こし、中田は夫の弁護のために活動することになる。一審の広島高裁松江支部では宮崎の当選が認められるが、最高裁は差し戻し、結局差し戻し後の高裁判決は、吉雄を当選とする結論になった。二人は長い時間と労力を強いられている。

昭和二五年、中田は鳥取市馬場町に弁護士事務所を開いた。鳥取藩士で初代鳥取県議会議長などを務めた岡崎平内の武家屋敷だった。自宅を兼ねた事務所で、彼女は家族の世話をしながら弁護士として働いた。

大都市と違い、鳥取では民事事件も刑事事件も担当することになる。中田は殺人事件の弁護も行ったという。三人の子どもが生まれるが、夫は国会議員の間、東京で暮らしていたため、平日はお手伝いさんにも来てもらいながら、仕事を続けた。

昭和四四年に、中田は鳥取県弁護士会の会長に就任した。各県などにある弁護士会の会長に女性が就任するのは、全国で初めてのことだった。

その後も鳥取家庭裁判所の参与員を務めたほか、鳥取機会均等調停委員など人々の権利擁護のために活動を続けた。高齢になっても和服姿で背筋を伸ばして裁判所へ歩いてゆく中田の姿が見られた。

三淵や久米とは遠く離れたため、日常的に交流することは少なくなった。それでも上京した時には、三淵と会話することもあった。また、三淵が乾太郎と旅行で鳥取県を訪れた時には、駅で再会している。

東京で生活するようになった子どもたちは、高齢になった中田を呼び寄せようとしたが、彼女は「鳥取には私を必要としている人たちがいる」と断っている。平成一四年、九一歳で逝去するまで鳥取で生活を続けた。

［第2部］
三淵嘉子ゆかりの人々

家庭裁判所での「姉妹」
女性初の高等裁判所長官

野田愛子

Aiko Noda

The People around
Yoshiko Mibuchi

野田は戦時中の明治大学専門部女子部で三淵の教えを受け、戦後は後を追うように裁判官の道を歩んだ。

昭和三九年に、家庭裁判所で働く女性たちが新潟県長岡市で開いた懇親会の写真が残っていた。そこでは野田愛子が三淵嘉子と一緒に浴衣姿で手拍子を取りながら歌っている。写真の中央で三淵が満面の笑みで両手を大きく広げ、隣で野田は控えめに手を広げている。「女性第一号」の道を切り開いていった三淵と、一〇歳年上の先輩を脇で支えた野田の関係性を切り取ったようにも見える。

野田は大正一三年、東京・新宿の淀橋に生まれた。小柄な少女は、くせ毛と利発そうな目が特徴だった。父親はアメリカの生活を経験し、クリスマスには自ら鳥を焼いたり、デコレーションケーキを作ったりするような家庭だった。野田はアメリカ人女性が園長の幼稚園に通い、小学校は男女共学だった。

「男と同じように学校へ行き、人生の方向を選ぶということが自然に育っていたように思います。親もアメリカなどに行っていまして、女の子も男と同じに、昔の言葉でいいますと学問を身につけ、旦那さんに養われるような女の子ではいけない、というようなことで、割と自由な雰囲気でした」（法学セミナー二五九号）

海外を知る父親の影響を受けたという点は三淵と似ている。

「結婚して家庭の主婦になるという当たり前の道を歩きたくない」と思っていた野田は、一四歳の時に三人の女性が弁護士になるという新聞記事を読む。そして法律を学ぶことを決めたのだが、「特に大決心をして、弁護士になり、判事になってやろうというような、だいそれた認識はなかった」という。「新聞記者もいいだろうし、芝居もやってみたいなあ」という少女だったと語る。

昭和一七年に明治大学専門部女子部に入学した。戦後弁護士として活躍する鍛冶千鶴子らと同級生になった。

だが、すぐに戦争が烈しくなる。授業は中断され、女子学生は勤労動員されるようになった。野田は赤羽の被服廠で落下傘のひもをそろえたり、兵器工場で銃弾を磨いたりしていたという。

昭和一九年に専門部女子部は繰り上げ卒業となった。やがて東京も空襲が相次ぎ、両親の実家がある長野へと疎開する。同級生の鍛冶も熊本へ帰郷する。

戦後、野田は大学に戻り、昭和二二年の高等試験司法科に合格する。裁判官に任官し、昭和二五年四月に、東京家裁兼東京地裁の判事補となった。

この年の九月、日本婦人法律家協会が作られている。会長は久米愛、副会長は三淵嘉子。そして任官したばかりの野田は書記に選ばれた。

翌年の昭和二六年には、司法制度を学ぶためアメリカに視察へ出向いた。野田は、アメリカの家庭裁判所を見学し、日本の調査官にあたる専門職の職員が目を輝かせて仕事をしている姿に感動したという。前年に渡米した三淵と同じ経験をしている。

　私生活では修習中に結婚し、その後双子を出産した。二人の子育てをしながら、主に家庭裁判所の裁判官として勤務を続けた。

　三淵が少年部だったのに対し、野田は主に家事部を担当している。特に昭和三〇年代後半から四〇年代にかけては、三淵とともに東京家庭裁判所の中核となった。

　後輩の荒井史男は二人の印象について「後輩からこういうのも失礼ですが大変チャーミングで、華がおありでした。お二人がそろうと、場がぱっと明るくなります」と記している。荒井は「姉妹のように支え合い、家裁のために尽力された」と二人を振り返る。(ケース研究三〇五号)。

　野田は家庭裁判所のボランティア団体、「少年友の会」の設立でも三淵とともに奔走している。昭和四一年、東京家庭裁判所に作られたこの団体は、特に女性の調停委員たちの力を借りる必要があった。野田が、家事の調停委員たちへ説得と協力の呼びかけを行った。少年部と家事部の連携で会は作られたのである。

　二人を知るOBによれば、三淵がおおらかで感情豊かだったのに対し、野田はどちらかといえばまじめで冷静、そして理知的だった。家裁の制度や家族法などに関して数多くの論文を書き、著作をいくつも出版している。

　一方で彼女は自らを語ることが少なかった。同級生だった鍛冶千鶴子らとの座談会で問われると短く答える程度で、回顧録なども残していない。論文を読むと、野田は今の家庭裁判所の制度をどうすればより良くできるか、実務家として常に改善の手段を考えていたことがわかる。自分自身の来し方を振り返るよりも、彼女の目は常に未来を向いていたのだろう。

　野田はその後、昭和五〇年から札幌家裁、前橋家裁、静岡家裁、千葉家裁、東京家裁と五か所もの家庭裁判所所長を経験した。地裁所長も高裁部総括もさせず、家裁所長ばかりこれだけ転々とさせるのは、当時の最高裁の女性裁判官に対する「壁」を感じさせる。

　千葉家裁所長だった昭和五九年、三淵嘉子が他界した。野田は葬儀委員長として「三淵嘉子さんを悼む」という文章を残している。

「その逝去とともに、ひとつの時代の終わりを感じさせる人がいます。

　三淵さん　あなたはそういう人です。

　三淵さん　あなたは、男女不平等の時代に法律家として自立の道を選ばれました。戦後は女性裁判官の草分けとして、生涯を懸けて、自らの生き方により、真の男女平等の在り方を示されました。(中略)

　三淵さん　あなたは、あなたの後半生を傾けて、少年審判と家庭裁判所の運営にあたられました。

　子供の福祉と健全育成について語るあなたの言葉には、素晴らしい説得力がありました。

　三淵さん　あなたが男女平等について、少年について、日本の家族について、情熱的に語られるお声が、今でも鮮やかに聞こえるようです。

　三淵さん　後に続く女性法律家たちは、あなたの切り開いた戻ることのない道を、あなたの憶い出を支えにして、歩き続けるでしょう。

　三淵さん　ありがとうございました。今はただ、安らかにお眠りください」

　三淵の逝去から二年半後の昭和六二年一月。野田は札幌高等裁判所の長官に就任した。女性初となる高裁長官だった。

　裁判官として三淵の後ろを歩いてきた彼女が、先頭に立ったのである。

　退官後も多くの要職に就き、平成二二年に八五歳で世を去った。

〔第3部〕

三淵嘉子を語る

武藤泰夫（三淵嘉子実弟）インタビュー

父であり母であった「とと姉ちゃん」

聞き手・清永聡

Talking about Yoshiko Mibuchi

嘉子の実家武藤家

父親（武藤貞雄）は四国丸亀藩の御典医の家系で、「宮武」という家の出身です。高等小学校を出て、どこか奉公へ行くことが決まっていたそうです。そうしたら父が優秀だったため、武藤家が「うちの養子にして学校に行かせる」ということになり、武藤家に入って丸中（旧制丸亀中学）へ通い、一高から東大に進みました。

卒業後の親父は台湾銀行に入りまして、シンガポール支店からニューヨーク支店長を務めました。シンガポールは家族と一緒。ニューヨークは単身赴任でした。姉はシンガポールで生まれました。シンガポールは漢字で「新嘉坡」と書きます。だから姉は嘉子という名なのです。

親父がアメリカへ行ったため、姉はお袋と一緒に丸亀の実家に帰り、ここで数年を過ごしています。武藤家の菩提寺は香川県丸亀市にあります。法要は今もこの寺で行っています。

私たちのきょうだいは、姉の嘉子が長女で一番上です。次に長男で戦死した兄貴の一郎。次男の輝彦、三男の晟造（せいぞう）、そして四男が私（泰夫）です。

“頭はよく、明治では一番だったそうです。
司法試験もストレートで合格でしたからね。
きょうだいの中では抜群に頭がよくて、
とにかくもう何でもできる人でした。”

親父がニューヨークから戻ってきて、家族で東京の麻布笄町（こうがいちょう）（現在の西麻布）の家に住みました。麻布の家は今の西麻布の交差点近くです。借家ですが、門から玄関までキャッチボールできるくらいの広さでした。姉も活発でキャッチボールをしていました。

今の人から見たら、姉はすごい人なんでしょうが、その姉も、母親にはかないませんでした。お袋はとても頭のよい人でした。麻布笄町の家には蔵が二つありまして、お袋は「どこそこの蔵の二階の何番目の棚に茶葉があるから取ってきて」と言うのです。行ってみるとそのとおりの場所にお茶の葉がありました。記憶力がすごい人でした。

麻布笄町の家は結局、戦争が烈しくなると空襲に備えて強制的に立ち退きになり、取り壊されてあっという間に更地になりました。今はもう何も残っていません。以前ちょっと見に行ってみたことがありますが、駐車場になっていました。

しっかり者の嘉子

姉は社交的でした。女学校時代は電話がかかってくると、昼間会った友達なのに、電話でまた一時間も二時間も話すんです。まだ電話が珍しい時代です。あと、歌が好きで、お風呂の中でも歌ったりしてお袋に怒られていましたよ。

頭はよく、明治（大学）では一番だったそうです。司法試験もストレートで合格でしたからね。きょうだいの中では抜群に頭がよくて、とにかくもう何でもできる人でした。頭の回転も速く言葉も達者で、元気で頼りになります。私たちを引っ張ってくれる存在でした。普段はいいお姉ちゃんです。いつもにこにこしていて、「おたふくさん」でね。一番下だった私は、ほとんど怒られたことはないな。

ただ、近所の人が家の前を通る

嘉子が和田芳夫と結婚する前に一家で撮影した写真。嘉子のきょうだいがそろっている。嘉子（最右）と芳夫（右から３人目）の間にいるのが泰夫（昭和14年。武藤泰夫氏提供）

時に「ここの家、女なのに法律を勉強しているんだって」という声が聞こえて参ったことがありました。友達からもさんざん冷やかされました。「お前の姉さんは女だてらに弁護士だってな」と。

お袋は姉が司法試験を受けることに反対したのですが、親父は何も言わなかったそうです。むしろ姉が弁護士を目指すことを応援していました。自由に学べと言っていました。

長男の一郎兄さんが、武藤の家では跡継ぎになるはずでした。一郎兄さんは姉の次にしっかりした人でした。長男なので、姉も一郎兄さんには一目置いていて、弟ながら頼りにしているという感じでした。

私は親父から小遣いをもらわないで、この兄貴から小遣いをもらっていたのです。でも兄は威厳がありました。たとえば靴を玄関で乱雑に脱いでいた時、親父もお袋も何も言わないけれど、兄貴は「おい、泰夫、何だこの靴の脱ぎ方は」とビシッと言うのです。「ちゃんとなおせ」って叱られましたね。

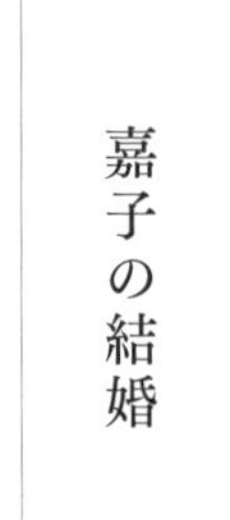

嘉子の結婚

写真があります。姉が芳夫さんと結婚する前に撮影した写真です。きょうだいがそろっています。二人の間にいる小さいのが私です。

麻布の家には、同郷の書生が入れ替わりながら三人くらいいたそうです。芳夫さんはその中の一人。明治（大学）の専門部を出て東洋モスリンという会社に入っていました。武藤家の書生をしていたのは明治の学生の時のことです。芳夫さんのおじさんと私の親父は中学が一緒だったんですよ。丸中で同級生だったそうです。

当時、姉は弁護士になったから、嫁の行き先がないと親父やお袋が心配したのです。そこで親父が「お前誰か好きな人いるのかい」、

“姉は丸の内の弁護士事務所に勤めていましたが、
戦争が始まり、弁護士として働いた期間は
1年もなかった。”

と聞いたら姉が「和田さん（芳夫）がいい」と言ったのです。

芳夫さんはその頃にはもう就職していましたから、家を出て独立していました。武藤家にはたまに遊びに来るくらいで、付き合っていたわけでもないそうです。

姉から意外な名前が出たことに親父もお袋も驚きました。というのは、芳夫さんは書生の中でも一番おとなしくて静かだったからです。活発な姉とは正反対でした。それから東洋モスリンに勤めていた時は、肺を悪くして一年くらい療養していた時期があったようです。

姉から話を聞いた親父は、芳夫さんのところに行って「娘があなたのことを気に入っている。どうだ」と頼んだのだそうです。それで交際が始まりました。

芳夫さんは、それはそれはいい人でしたよ。まじめでおとなしくて、でも言うことはしっかり言いました。姉が尻に敷くような関係ではなく、仲のよい夫婦でした。

結婚してからは、最初池袋に家を借りて共働きをしていました。そこからそれぞれ職場に向かっていたのです。ただ、一人息子の芳武君が生まれてから、武藤家の実家に越してきました。

姉は丸の内の弁護士事務所に勤めていました。ただ、あまり仕事はしていなかったようです。結婚してわずか一年で戦争が始まりましたから。結局弁護士として働いていた期間は、一年もなかったんじゃないかな。姉は「開店休業だった」と話していました。

戦中戦後の苦労

芳夫さんには昭和一九（一九四四）年に召集令状が届きます。この時は結核の肋膜炎の跡が見つかり、検査で引っかかってすぐに帰してもらえました。

ところが今度は六月に一郎兄さんが戦死しました。出征して輸送船で沖縄へ運ばれる途中に、奄美諸島の徳之島近海で米軍の攻撃を受けて船が沈んで死亡したそうです。

一郎兄さんは、横浜高商を出て今の日立へ入っていました。頭はよかったのですが、「弟たちを大学にやってくれ。自分は働くから」と言って、就職したのです。頼りにしていた兄が亡くなって、親父とお袋は本当にがっかりしていました。

そこに今度は、芳夫さんにまた赤紙が来たのです。昭和二〇（一九四五）年のはじめだったと思います。

前回も検査で通らなかったくらいですから、この時も診断書を取って病気と主張できたはずなのです。でも、芳夫さんはそういうことができる人ではありませんでした。体が弱いことをむしろ隠すようにして、出征しました。この時のことは、今思い出しても悔しいですね。

芳夫さんは中国に渡って病気が発症し、終戦後に九州へ帰ってき

武藤貞雄（嘉子の父）台湾銀行ニューヨーク支店勤務時の写真（武藤泰夫氏提供）

た時には危篤だったそうです。長崎の病院へ運び込まれて、そこで亡くなりました。昭和二一（一九四六）年五月のことでした。

姉は電報が来た時、芳夫さんが帰国した知らせかと思って喜んだのです。ところが危篤の連絡だったからびっくりしたそうです。結局、姉は芳夫さんの死に目に会うことはできませんでした。

その直後、昭和二二（一九四七）年には脳溢血でお袋が突然倒れて亡くなり、同じ年に親父が今度は肝硬変で死亡しました。私はその頃岡山の六高にいました。亡くなるたびに電報が来るのです。もう電報恐怖症になりましたね。

裁判官になるまで

芳夫さんが召集されて、昭和二〇年に姉は疎開しました。姉と芳武君、それに戦争で亡くなった一郎の妻の嘉根と娘の康代の四人です。疎開先は福島の（会津）坂下（ばんげ）町というところです。

そこは大変な暮らしでした。私は父に命じられて一度様子を見に行ったことがあるのです。農家の納屋を借りて、むしろを敷いたところに暮らしていました。水はけも悪く、ノミやシラミがいて、なめくじがはうような家でした。

食べ物も畑仕事の手伝いをしていましたが、ろくなものを食べていなかったようです。自分でも荒れ地を耕していたそうです。むごいことだと思いました。

戦争が終わって、登戸に移っていた武藤家へ帰ってきたのですが、戦中から戦後にかけては、一郎兄さんも、芳夫さんも父も母も次々と亡くなりました。

当時は私と、すぐ上の兄貴は学生。その上の兄貴も出征していて戦争から戻ったばかりでした。まだ幼い芳武君を含めた、全員の生活の面倒を姉が見なければならなくなったのです。

姉は親父が死ぬ前頃からだと思うんですけど、「もう私が働かな

“姉は「もう私が働かなくちゃ」と言っていました。
めそめそとしているのではなく、
何か堂々としていたことを覚えています。”

くちゃ」と言っていました。めそめそとしているのではなく、何か堂々としていたことを覚えています。私は「姉がいるから大丈夫」と思いました。

姉が裁判官になったのは、私たち家族を食べさせるためだったと思います。それまで明大の先生もしていましたが、姉から聞いたところによれば、当時の大学の講師は給料が安かったんだそうです。私たちの学費も必要でしたから、大学の仕事では一家を養えなかったのです。それに、あの当時は最高裁に入る、国の公務員になるというのは、とても大きなことでした。生活が安定するということでもあります。それで最高裁に入ったのだと思います。

結局、私の大学の学費も姉が出してくれました。もちろん奨学金ももらいましたがね。

NHK朝ドラに「とと姉ちゃん」ってあったでしょう。私にとっては父であり母であり姉でもある。まさに「とと姉ちゃん」でした。

その後

私は東京大学で林業を学んで昭和二七（一九五二）年に卒業し、林野庁に入りました。各地の営林署を回り、それから民間企業に移りました。転勤族だったので、裁判官になってからの姉とはすれ違いになりました。裁判官としての活躍は、他の方が詳しいでしょう。ただ、私が札幌にいた時に、姉が北海道まで旅行で来たことがありますよ。

姉は、戦死した兄の一郎を除くと、きょうだいの中で一番早く亡くなりました。まだ六九歳でしたから。弟たちはみんな八〇まで生きました。それだけに早く亡くなったことが残念です。

武藤泰夫氏は令和三（二〇二一）年に九三歳で他界しました。今回の記事は平成二八（二〇一六）年～令和元（二〇一九）年にかけて行った取材内容を元に再構成し、ご遺族の了承を得て掲載するものです。

鈴木經夫（弁護士、元裁判官）インタビュー

東京家裁時代の三淵嘉子さん

聞き手・編集部

Talking about Yoshiko Mibuchi

私は司法修習一三期で、昭和三九（一九六四）年四月、東京家庭裁判所に判事補として着任しました。その時はまだ、東京家裁も現在のように一か所にまとまっておらず、私が配属された「家事部」は勝鬨橋手前の臨時庁舎、三淵嘉子さんが所属する「少年部」は日比谷公園内の臨時庁舎だったので、場所のこともあり、三淵さんとはほとんど交流がありませんでした。

裁判官歓迎会での三淵さん

ただ、三淵さんに関して印象に残る出来事がありました。

その年の四月に、着任した私や司法修習同期の守屋克彦さんなどの歓迎会を兼ねた裁判官の飲み会が催されました。新任判事補の私たちは宴席の隅でおとなしくしていたのですが、開始早々、まだ皆さんアルコールに口を付けたかどうかの時に、古手の男性裁判官が、「三淵さん、どうですか」と彼女に声をかけました。

私は何のことかわからなかったのです。しかし、いささか何かを強要している匂いがして、今思うとこれはセクハラなのではないかと感じたのですが、予想外に三淵

“予想外に三淵さんはにこにこして立ち上がり、「モン・パパ」を堂々と歌われました。”

さんはにこにこして立ち上がり、「モン・パパ」（「C'est pour mon papa」）というシャンソンを、必ずしも上手とはいえないのですが、堂々と歌われ、着席されました。

この歌の訳詞はいろいろあるそうですが、確かこんな内容だったと思います。

うちのパパと
うちのママが話す時
大きな声で怒鳴るのは
いつもママ
小さい声で謝るのは
いつもパパ
……
古い時計　それはパパ
大きなダイヤモンド
それはママ
パパの大きなものは一つ
靴下の破れ穴

（白井鐵造訳）

この歌をなぜ選ばれたのかは、わかりませんが、歌詞が今でも記憶に残っているのは、三淵さんが「強要」に対して何ともしなやかに対応されたと感じていたからかもしれませんね。

東京家裁での三淵さん

私はその後、東京地方裁判所、函館地方裁判所などを経て、昭和四五（一九七〇）年の四月に再び、東京家裁に着任しました。この時も同期の守屋さんと一緒でしたが、二人とも少年交通部に配属されました。当時、三淵さんは軽微な事件を取り扱う発想で作られた少年部の第九部におられました。そんなわけで三淵さんと仕事でご一緒することはありませんでした。

ただある時、たまたま裁判所で行われていた「身分法研究会」で私が「監護者とならなかった親と子の面接」という題名で報告した時のことです。報告を準備するためにローマ法をはじめ文献などいろいろ調べました。報告の骨子は「子と会うのは権利であり、その根拠は『自然権』というべきである」というものでした。

私の報告が終わると、三淵さんがわざわざ私のところに来られて、「母親が子連れで再婚し、その相手との間で養子縁組が結ばれていた場合は、今の報告趣旨との関係でどう考えるのか」というような質問を出され、その時は、鋭い質問をされる方だなあと感心したものでした。三淵さんご自身の経験も踏まえたのではと、後に三淵さんのそれまでのことを知って思ったりしましたね。

三淵さんに関するエピソード

平成二（一九九〇）年に浦和家庭裁判所（現在のさいたま家裁）に着任した時に伝え聞いた、三淵さんに関わるいくつかのエピソードを紹介します。

まず、浦和家裁の調停委員の間で、神様といわれていた方が二人いました。沼邊愛一さん（裁判

現在のさいたま家庭裁判所川越支部。入り口の吹き抜けは、当時浦和家庭裁判所長であった嘉子の意見で作られた

官。著書に『家事事件の実務と理論』（日本評論社、一九九〇年）など）と三淵さんでした。特に三淵さんは女性の調停委員から大変評判がよかった。

それからもう一つ、現在、さいたま家庭裁判所川越支部の建物の入り口は吹き抜けになっていますが、これは当時、浦和家庭裁判所の所長だった三淵さんの意見によって作られたものです。裁判所の建物としてはなかなかおしゃれで、三淵さんのセンスを感じるものです。

最後に

私が裁判官になった一九六〇年代半ばから、三度目に赴任する直前の昭和四四（一九六九）年終わり頃までの裁判所の雰囲気は、戦後に裁判官になった方も増えて、日本国憲法の下で自由闊達な空気がありました。

しかし、昭和四四年に北海道の長沼町に自衛隊基地を建設しようとした国に対し、住民から基地建設のための保安林解除処分の執行の停止を求める仮処分申請が、札幌地裁に提出されました。その過程で福島重雄裁判長に当時の札幌地裁所長の平賀健太氏が書簡を出した、いわゆる「平賀書簡問題」が起きました。この問題は裁判官の独立問題とは別の思わぬ事態へと進んでいきました。それは、当事者の一人である福島裁判長が青年法律家協会（青法協）に所属していたことから青法協所属の裁判官問題となり、その後、好ましくない団体として青法協に属する裁判官に対する激しい退会勧告が行われ始めました。

私や守屋さんはちょうど裁判官一〇年目の再任の時期に東京家裁におりました。その時は私たちも渦中の人となりました。

私たちも青法協に所属していたので、何人もの先輩裁判官から退会勧告を受けました。守屋さんの場合、所属していた庁からの退会

“今思うと、私の裁判官生活の、ある意味転機の時代を、東京家裁で三淵さんとご一緒だったということは、感慨深いものがあります。”

勧告は三淵さんから受けましたが、その内容は他に例を見ないユニークなもので、「とにかく、今、裁判所から守屋さんを失うようなことになると今後の少年法制にとって大きな痛手になるであろう」というような趣旨でした。全国の会員裁判官で、そのような退会勧告を受けた者はいなかったと思います。三淵さんの言動はその点でも異色なものでした。

その守屋さんは残念ながら、平成三〇（二〇一八）年に亡くなられましたが、彼のオーラルヒストリー『守柔』（ERCJ選書、日本評論社、二〇一七年）には東京家裁時代の三淵さんとの交流について次のようなことが書かれています。

「昭和三九年四月から、東京家庭裁判所兼東京地方裁判所判事補という辞令をもらって、（中略）三年間、東京で勤務しました。一年目は、東京家裁の少年部で三淵さんの部に付きました」（『守柔』一七頁以下。ちなみに判例タイムズ三九六号に掲載された「少年審判を語る——三淵嘉子判事を囲んで（座談会）」でその当時の東京家裁の思い出などを三淵さんが語っています）

先程述べたようにこの時期、私も守屋さんと同じく、東京家庭裁判所兼東京地方裁判所に着任しています。

また同じ本の別の章では、昭和四五年、私も二度目の東京家裁着任となった時期ですが、その時期のことは次のように書かれています。

「軽微な事件を集中して取り扱う発想で作られた少年の第九部に三淵嘉子さんが糟谷忠男さんといっしょにおられて、ここが少年部のエンジンという感じでした。（中略）同期の鈴木經夫さんも同じ発令だということで、二人で行ったら、二人とも少年交通部だということで、一年間、一緒に東京家庭裁判所の少年交通部の仕事をしました。（中略）そのあと、普通部に行って、三淵さんらと一緒に二年間、少年事件を扱いました」（同書一〇九頁以下）

今回、あらためて読んでみて、私が二回勤務した東京家裁はいずれも三淵さんと一緒だったのだと思い出した次第です。

特に二度目の赴任で東京家裁にいた時期が私たちの再任時期（昭和四六（一九七一）年）でしたので、今思うと、私の裁判官生活の、ある意味転機の時代を、東京家裁で三淵さんとご一緒だったということは、感慨深いものがあります。

若林昌子（元裁判官）

三淵嘉子裁判官の基本的視座を学ぶ

―― 憲法理念と家庭裁判所司法

Talking about
Yoshiko Mibuchi

はじめに

三淵嘉子裁判官（以下三淵さんという）との出会いは、私が司法修習生であった昭和三九（一九六四）年に日本女性法律家協会（当時の名称は日本婦人法律家協会。以下女法協という）へ入会した時です。特に、若い会員にとって、司法機能を担う法曹の公正性を身をもって示された三淵さんは、尊敬の的でした。さらに、私が仙台家裁で少年事件を担当していた判事補の頃、三淵さんは東京家裁で少年事件を担当され、親しくさせていただきました。

三淵さんを心から尊敬する後輩の一人として、三淵さんの家庭裁判所、あるいは少年司法についての基本的理念、その実行力、それを支える人格的情熱について、忘れがたい思い出を記し、裁判官として尊敬される存在感の一部でも伝えることができれば幸いです。

新憲法および米国司法事情 Family Court 視察の経験

三淵さんは、昭和一三（一九三八）年に高等試験司法科に合格されました。しかし、当時、女性は司法試験に合格しても任官するこ

“三淵さんの存在は、
家庭裁判所固有の司法機能構築のために、
極めて意義深いものであったと考えられます。”

とはできず、弁護士の道のみでした。昭和二一（一九四六）年一一月三日、新憲法の公布により両性の平等が宣言され、三淵さんは、昭和二二（一九四七）年五月三日の憲法施行を待たず、同年三月には司法省人事局に裁判官採用願を上申されました。三淵さんの当時の心境に深い共感を覚え、その実行力に心から感銘を受けます。

三淵さんは、新憲法施行の翌月である六月に司法省民事局嘱託として採用され、昭和二三（一九四八）年一月には最高裁民事局に配属されました。昭和二四（一九四九）年一月一日の家庭裁判所創設と同時に、最高裁家庭局が設けられ、三淵さんは最高裁家庭局局付（家事担当）に就任されました。

戦後の民法改正、家庭裁判所の創設に至る激動の時代に、最初の女性裁判官の道を拓かれ、新憲法における司法の基本的理念実現に、情熱的に尽力されたと思われます。三淵さんの存在は、家庭裁判所固有の司法機能構築のために、極めて意義深いものであったと考えられます（『家庭裁判所物語』（日本評論社、二〇一六年）六三頁以下）。

最高裁は、昭和二五（一九五〇）年五月に、三淵さんら三名をアメリカのFamily Court視察に派遣しました。この司法事情視察は八〇日に及び、三淵さんのその後の家庭裁判所制度論の原点となりました。後に述べますが、三淵さんは、家庭裁判所固有の福祉的機能を充実する活動に多大な貢献をされたと思われます。

東京少年友の会創設とアメリカ少年司法の歴史

東京少年友の会の誕生

三淵さんは、昭和三七（一九六二）年から東京家裁で少年事件を担当されていましたが、イギリスの少年司法に関連した民間ボランティア組織の情報に強い関心を持たれていました。また、当時の東京家庭裁判所長、内藤頼博裁判官も昭和一五（一九四〇）年にアメリカ司法事情視察経験があり、家庭裁判所創設における中核的貢献をされました。三淵さんと内藤所長は少年司法の支援組織創設で意気投合され、家裁裁判官、調停委員などの協力を得て、昭和四一（一九六六）年には東京少年友の会を立ち上げられました。

内藤所長と三淵さんの家庭裁判所理念は極めて先進的であり、お二人は家庭裁判所理念実現に向けて情熱的に尽力されたと考えられます。その具体的成果として家裁調査官研修所の創設、精神科医の常駐する医務室の設置など、家庭裁判所の福祉的機能・科学的機能の制度化が実現し、その充実ぶりは家庭裁判所固有の司法機能として育てられたと実感します。

アメリカ少年司法の歴史的潮流

三淵さんと内藤所長の少年司法固有の司法機能に対する見識の原

点は、アメリカの少年司法視察による経験が決定的であると思われます。そこで、アメリカの少年司法の歴史的潮流について簡単に触れたいと思います。

アメリカでは、一九世紀末に、少年は発達過程にあるため、少年非行を刑事的非難の対象とするのではなく、福祉的保護の対象とすべきとの認識に基づいたシステムが確立されました。これがアメリカ全域に、そして世界に広がり、日本の家庭裁判所制度に至るのです。

ところが、一九七〇年前後から、少年犯罪の急増、保護処分に対応する矯正施設への不信などから、結果的に、少年司法の理念、処遇目的が、少年保護および健全育成から公共の安全保護へとシフトされました。しかし、その後、少年司法の実務、処遇少年の実態などの実証的研究成果により、少年司法の厳罰化法制が少年犯罪の抑止につながらないことが明らかになり、実務家の認識にも変化が生じ、その流れが浸透しました。

そして、この流れを決定的にしたのが、二〇〇五年以降の連邦最高裁判所判例であるといわれています（Roper v. Simmons判決〔二〇〇五年〕、Graham v. Florida判決〔二〇一一年〕、Miller v. Alabama判決〔二〇一二年〕）。

これらの連邦最高裁判例は、少年司法の基本的理念が脳科学、精神医学、社会心理学などの科学的知見を援用し、成長発達段階にある少年と大人との違いを量刑および刑事手続に反映させることは憲法上の要請であるとの論旨を前提として判示しています。さらに、その背景事情として、人間関係諸科学の研究成果、実務レベルの研究成果により、保護処分の成果が立証されました。また、財政的観点からも保護処分が優れているとの見解が追い風になっていると指摘されています。この経過を象徴的に物語るのが、アメリカ全体の施設収容少年数が、二〇〇一年には一〇万四二一九人でしたが、二〇一〇年には七万七九二人に減少したことです。

つまり、少年司法実務が脳科学などの学問的成果を真摯に受け止め、判例変更したことが劇的深化をもたらし、アメリカの少年司法は厳罰主義から、少年の発達上の特性および実証的研究成果を重視する少年司法に転換されたということができます。このように、アメリカ少年司法の歴史的潮流は、わが国の少年司法にとって極めて示唆的であると考えられます（海瀬弘章「アメリカ少年司法の新しい潮流とわが国への示唆（上）——連邦最高裁判決における「少年」の再発見およびエヴィデンス・ベイスド・プラクティスによる厳罰主義からの脱却について」刑事弁護八〇号一七九頁、同「（下）」刑事弁護八一号九九頁）。

“三淵さんは少年たちと親しく懇談され、少年たちは三淵さんの温かい心に触れ、三淵さんのお話に引き込まれて笑顔で応答していました。”

三淵さんとの思い出
――家庭裁判所論と少年司法論

少年法の基本的理念を学ぶ

三淵さんは、昭和三七（一九六二）年から約一〇年間、東京家裁で少年事件を担当され、法制審少年法部会委員としても、少年法改正について保護主義の制度化に尽力されたと聞いています。

昭和四四（一九六九）年、三淵さんが出張で仙台に来られ、仙台家裁で少年事件を担当していた私を訪ねてくださった時のことです。三淵さんは、「私は、少年院よりも補導委託先を訪問したいの」と言われ、ご希望に沿い、仙台の補導委託先をご案内した時のことが忘れられません。

三淵さんのご意向に従い、二人で両手にお菓子を下げて、補導委託先を訪問しました。補導委託先のご配慮でお茶会となり、三淵さんは少年たちと親しく懇談され、少年たちは三淵さんの温かい心に触れ、三淵さんのお話に引き込まれて笑顔で応答していました。三淵さんは少年たちの心に希望を与え、何が大事なことであるか自覚する機会を与えられたと実感しました。

この経験により、少年法の試験観察、補導委託制度がいかに少年法の理念を現実化するか、私自身が心の底から感銘を受けました。

最後のお見舞い

昭和五七（一九八二）年七月、糟谷忠男裁判官とともに、入院中の三淵さんをお見舞いした時のことです。糟谷さんは、三淵さんが東京家裁で少年事件を担当された頃の同僚であり、法制審議会少年法部会における三淵さんの活動を支えられ、お二人の信頼関係は極めて厚いものでした。

病床の三淵さんと糟谷さんの対談を拝聴しながら、三淵さんの家庭裁判所論、特に少年事件の福祉的機能の問題性、そのあり方についての熱のこもったご意見をうかがい、家庭裁判所の課題、あるべき少年司法について、感動的な示唆を受けました。

病床の三淵さんと、裁判所での三淵さんと変わらない熱のこもった対話ができたことを糟谷さんとともに感激しながら帰路に就いたことが忘れられません。私たち二人にとって、あらためて、裁判官の後輩としての責務を痛感する機会となりました。

三淵さんの最後の願いは、少年友の会の全国展開を実現することでした。少年の健全育成こそが、少年司法理念の現実化であり、家庭裁判所の責務であると言われたのが印象的でした。この目的を達成するには少年友の会の保護活動が不可欠であると言われ、明るい未来をポジティヴに考えられる笑顔の三淵さんが、私にとって最後のお姿となりました。

三淵さんの教えによる少年友の会

私は、平成九（一九九七）年八月に熊本家裁に転任し、少年事件を担当することになりました。それまで東京家裁、横浜家裁で各五年あまり家事事件に専念していたため、判事補時代に経験した少年事件を思い出し、少年事件の担当に新鮮な期待を抱き、熊本少年友の会の立ち上げを密かに願いながら着任しました。着任後間もなく、当時の調停協会会長の森山義文氏に出会い、用意した少年友の会の関連資料をお渡しして、少年友の会創設をお願いしました。

森山氏のご尽力により、平成一〇（一九九八）年七月三日、熊本少年友の会創立総会を迎えました。社会的良心の持ち主である会員二二三名の参加を得て、熊本少年友の会の未来に希望の兆しを確信しました。

熊本少年友の会は、熊本弁護士会との協働による少年事件の付添人活動、職親活動による少年に職と住まいを与えながら健全育成に尽力するなど、全国的に見ても極めて充実した活動を展開しています。平成三〇（二〇一八）年には、熊本少年友の会創立二〇周年記念式典が開催され、会員である私が記念講演をさせていただきました。あらためて、熊本少年友の会の活動に頭が下がる思いとともに、今後も誇り得る存在感を深化されるよう念願する機会となりました（令和五（二〇二三）年七月現在の会員数は、六二三名です）。

なお、平成二一（二〇〇九）年には、全国の家庭裁判所に対応した少年友の会が設立されました。少年友の会は、少年の心に社会の優しさを伝え、少年司法の現実化に寄与すると確信します。国連の基本的コンセプトである"Leaving no one behind"は、人類普遍の願いであり、少年友の会の活動もこのコンセプトにつながるのではないでしょうか。

憲法理念の再確認と共有化を求めて

三淵さんの司法制度、家庭裁判所、少年司法をめぐる見識、行動力に感銘を受けるのは、その原点に人類普遍の理念である憲法理念に対する揺るぎない信念が存在し、さらに、人格的崇高さに支えられたヒューマニズム志向であったからではないでしょうか。

混迷化・二極化の著しい時代を迎えた私たちは、あらためて、三淵さんの時代を超えた人類普遍理念に基づく姿に示唆を受けます。これからの家庭裁判所固有の司法機能、少年司法について、三淵さんは、本質的な機能に応える重要性を身をもって示されました。後に続く司法関係者の責務として、家庭裁判所固有の司法機能を現代的課題として考えることが求められるのではないでしょうか。司法機能を担う法曹および司法関係者、法制度の深化を担う法学研究者には、その責務として三淵さん

昭和55（1980）年11月29日、日本婦人法律家協会（現・日本女性法律家協会）30周年記念祝賀会でスピーチをする嘉子（三淵邸・甘柑荘保存会提供）

の足跡を共有し、その道を堅持し、深化することが求められるのではないでしょうか。

すべての人のために、個人の尊厳、自由、平等の憲法理念の保障機能を担う司法、その中核を支える法制度のあり方は、憲法理念の再確認、共有化は人類普遍の理念現実化につながるものと確信します。最後に、家庭裁判所の未来が世界に誇り得るものであることを心から念願したいと思います。

荒井史男（弁護士、元裁判官）

三淵嘉子さん 強さと優しさと

Talking about
Yoshiko Mibuchi

はじめに

　裁判官としての三淵さんのお名前を最初に知ったのは、私が昭和三七（一九六二）年四月、東京地裁民事部に判事補任官したときであり、最後にお目にかかったのは、昭和五四（一九七九）年一一月、東京、日比谷公園内の松本楼での退官記念のパーティーのときでした。在京の裁判所関係者を中心に、二階の広間にあふれるほどの人が集まっていました。私は同年の七月、最高裁家庭局の課長から総務局の課長に異動して間もなくの時期でした。三淵さんのご逝去はそれから五年足らずのことで、往事茫々、残念ながら記憶も不確かになっています。

　三淵さんの生い立ちから日本初の女性弁護士としての誕生、その後の裁判官任官以降、生涯日本の女性法曹のフロントランナーであり続けた三淵さんのあゆみについては、かねてＮＨＫの清永さんが『家庭裁判所物語』で紹介されたのに加えて、今回、本書第一部でさらに深められる三淵さんの評伝に期待し、ここでは私がその謦咳（けいがい）に接した場面を中心に三淵さんのお姿を少しでも思い出してみたいと思います。

“裁判所、弁護士会等の委員は、改正の必要性があることを前提にして、内容まで具体的に示した諮問の仕方は異例で納得できない、と学者委員を含めて激しい議論になりました。”

少年法改正問題への裁判所の意見と三淵さん

三淵さんは、最高裁の民事局・家庭局勤務を離れて昭和二四（一九四九）年八月に東京地裁の民事部で初めて判事補として実務に就かれました。私が任官して東京地裁民事部に入った昭和三七年当時、三淵さんはまだ三淵乾太郎氏と再婚前で和田嘉子さんでしたが、畔上英治裁判長（部総括）の部におられました。三淵さんの部〈二四部〉と私たちの部〈二八部〉は部屋が近かったし、民事部の研究会で三淵さんの姿、発言に接することはもちろんありましたが、駆け出しの判事補が直接お話しするような機会はないままでした。

私は昭和四〇（一九六五）年春に札幌地・家裁岩見沢支部に転勤、昭和四三（一九六八）年七月最高裁の家庭局付に異動し、昭和四五（一九七〇）年からの少年法改正問題に関わることになって身近に接するようになりました。三淵さんは、昭和三七年一二月に東京地裁民事部を離れて東京家庭裁判所の少年部に異動、昭和四二（一九六七）年一月には部総括となり、少年事件の裁判官として存在感を発揮しておられた時期でした。三淵さんが苦労され、活躍の場ともなった少年法改正問題について、少し振り返りにお付き合いください。

少年法改正要綱をめぐる攻防

昭和四五年六月、法務大臣は「少年法改正要綱」を示して少年法の改正を法制審議会に諮問しました。「少年法部会」が設置され、植松正氏（一橋大学名誉教授）が部会長に選出されました。

要綱は、一八歳以上二〇歳未満の「青年層の設置」、青年の事件はすべて家庭裁判所において刑事訴訟手続によって審理判断する、一八歳未満の少年の事件について「検察官の審判立会い」、「処分決定に対する抗告」を認める、全件家裁送致の少年法を改め検察官に

三淵さん退官記念パーティーにて（昭和54年11月、日比谷公園内松本楼）
左から市川四郎（元家庭局長、元東京高裁長官）、三淵嘉子、外山四郎（元家庭局長、元札幌高裁長官）
（東京少年友の会提供）

起訴、不起訴、送致、不送致の先議権を認める（検察官先議）等の内容でした。法務省は、この改正要綱諮問の前、昭和四一（一九六六）年五月に、「少年法改正に関する構想」を示して各会に意見を求めました。これに対して最高裁当局は、昭和四一年一〇月、改正構想の改正点のうち保護処分の多様化、執行面の整備充実等は基本的に異論がなく、少年審判手続への検察官の関与や処分への不服申立て（抗告）についてもそれが対審構造を前提にしない限り検討に値するとしつつ、青年層の設置など現行少年法の基本を変更することには反対だとする意見書を発表しました。その後四年を経て提起された改正要綱は、改正構想と青年層構想などの基本的な問題点は同じである上、青年および少年の刑事訴訟を家庭裁判所において取り扱うこととするなど、裁判所の組織、機構の改変につながる別の大きな問題を提起しており、これを裁判所との協議もなく諮問したため、裁判所の反発もより強かったのです。

改正要綱の少年法部会の審議は、最初から激しい応酬となりました。法務省提案の部会長候補、植松正氏に対し、裁判所、弁護士会等の委員は団藤重光氏（東京大学教授）を推し、改正の必要性があることを前提にして、内容まで具体的に示した諮問の仕方は異例で納得できないと、学者委員を含めて激しい議論になりました。裁判所側の委員、幹事のうち家裁の少年事件の実務家代表の立場で参加していたのが、東京家裁の所長代行から福島家裁所長を経て千葉家裁所長になっていた三井明判事、東京家裁に異動してすでに八年の経験を積んでいた三淵さん、三淵さんの陪席だった幹事の糟谷忠男判事で、三井、糟谷両氏が反対派の急先鋒でした。審議冒頭からの、激しい対立の中で、三淵委員の存在は、意見の違いを越えて光彩を放っていました。三井さんや糟谷さんと同じ反対の意見でありながら、聞く人の耳によく届くのです。当時法制審議会（親委員会および少年法部会）委員の団藤重光氏（改正要綱審議の途中、最高裁判事就任により委員辞任）が三淵さん逝去後に刊行された『追想のひと三淵嘉子』に寄せられた「三淵さんの想い出」の一文は、三淵さんのお人柄や少年法部会における活躍ぶりを見事に伝えています。

三淵さんは、青年層設置をめぐる激しい部会の審議が続く中、昭和四七（一九七二）年六月、女性として初めて、裁判所長（新潟家裁）に就任され、昭和四八（一九七三）年一一月には浦和家裁所長に異動されましたが、異例のことながら、この間ずっと少年法部会の委員は続投され、ほぼ毎月の審議に新潟、浦和から通われました。裁判所はもちろん法務省からも三淵さんは信頼を寄せられていたのです。

"三淵さんの発言は、明るく朗々とした声のよさもあったと思いますが、話の中身の豊かさ、全身からにじみ出る人徳のようなものがあったと思います。"

家庭局長室での作戦会議

三井委員は、東京家裁で少年部所長代行として少年事件を担当されるまでは、東京地裁刑事部の裁判長で、熱心なクリスチャン、平素温厚な裁判官として有名で、信念を秘めた外柔内剛、議論は直球タイプの方でした。海兵経験のある糟谷幹事も、「青年将校」と言われたように、発言の調子はきつく反発も買っていた中で、三淵さんの発言は対照的でした。よく言われるように、三淵さんの明るく朗々とした声のよさもあったと思いますが、話の中身の豊かさ、全身からにじみ出る人徳のようなものがあったと思います。

少年法部会の審議が進む間、裁判所関係の委員、幹事の主だったメンバーは、毎回、事前に夕刻から家庭局長室に集まり、改正要綱の中身についての意見交換、部会の審議への対応についての作戦会議のような議論を続けていました。

検察官の審判出席など「検察官関与」の議論の場だったと思いますが、担当局付として会議の末席に参加していた時、私の発言に対し三井さんから「君は法務省のようなことを言うのか！」と強い叱責口調が飛んできました。一瞬、一〇人ほどの場の空気が凍り付いたような沈黙がありました。ほとんど間を置かず、「裁判所も検察官関与を一〇〇%ダメと言ってるんじゃないんでしょ」と声を出したのが三淵さんでした。この一声で場の空気は平常に戻り議論が続きました。検察官関与のあり方の議論の中で、私は、戦後の少年法の下で検察官を審判手続からシャットアウトしたことが、家裁の審判は甘すぎるなどの法務省の審判、家裁批判の根拠になって、審判を不安定にしているのではないか、という意見を述べた記憶があります。検察官の審判出席など、検察官関与の法務省の意見に対する裁判所の考え方は、昭和四一年の改正構想に対する最高裁の意見書以来、基本は一貫していて、この日のメンバーは共有しているはずの中での議論ですから、三井さんの発言は意外でした。

実は、明治生まれの三井さんは、私の初任時の裁判長（土井王明さん）と同期で、長く最高裁調査官時代をともにされて仲がよく、毎月の夕刻、聖書研究会に誘うためわが部に立ち寄っておられましたから、私も親近感と敬意を持っていました。大先輩の三井さんから叱られるいわれはないがなあと憮然たる思いはありました。三淵さんの発言は、検察官の審判出席などは、少年法の基本構造に反しないやり方でなら検討してよいという裁判所の基本意見に沿ったもので、私の発言は支持された気がして、ほっとしました。三淵さんは少年法改正問題にもバランスの取れた感覚をお持ちだと思いました。それとともに三淵さんは、座長役のように会議の流れに目を配っておられるんだなあと記憶に残りました。打合せ終了後、素直に「今日は失礼しました」と三井さんに挨拶をし、三井さんも「僕も……」と受けていただきました。余談ながら、三井さんとはその後、ご逝去まで良好関係が続き、NHKラジオで放送された「私の仕事、人生、信仰」だったかの題の語りが小冊子になったのを送っていただきました。三淵さんのこの時の言葉がなければ、三井さんとのご縁はこのようにはならなかったと思います。

女性国会議員等への働きかけ

少年法部会の話に戻りますと、三淵さんは審議の外でも女性の有識者委員と交流を続けていました。少年法部会で補導委託先の見学が組まれたり、内藤頼博所長時代の東京家裁では、当時の与野党の女性国会議員を招いて少年法改正問題についての裁判所の考え方を説明したり、少年審判を見学してもらったりしましたが、その中心になって企画実行されたのは三淵さんでした。家庭裁判所は、初代家庭局長の宇田川潤四郎さんがその性格付けをされたように、社会的な性格を持ち、社会の理解、協力を得ながら社会資源を活用して事件のよりよい解決を図っていくことが不可欠なのです。三淵さんが少年法改正の審議に関連して行った活動、後に述べる少年友の会の立ち上げや支援の活動は、まさに家庭裁判所の広報委員長のような活動でした。家裁の創設段階から宇田川さんの手法を知り、家庭局にあって家裁の定着のための仕事にも関わってきた三淵さんならではのお働きだったと思います。

このようにして、青年層構想の是非をはじめとする最大の対立点をめぐって、諮問から四年半ほど経過した時点で、一般有識者の委員らから進行についての動議が提出されました。要綱にこだわらず、現行少年法の基本構造の範囲内で、さしあたり改善すべき事項で大方の一致できる線で総会に中間報告することになり、昭和五一（一九七六）年一一月、植松部会長の取りまとめた試案により総会への中間報告がされ、ようやく改正要綱の審議は一段落となったのです。

この審議のはじめから終わりまで、外山四郎、裾分一立、原田直郎の歴代家庭局長は、三淵さんに格別の敬意を払い、連携を図っていました。最高裁と東京家裁をはじめ、実務サイドの少年法改正問題への対応についてパイプ役を果たしたのが三淵さんだったと思います。審議の始まりの厳しい対立の頃、それ以上に、路線変更の中間報告で収束に向かった終わりの段階で、そのパイプ役としての働きは重要でした。基本構造の範囲内で一致点を見出し取りまとめるというのは難しい作業です。法務省も裁判所もさらには弁護士会もそれぞれ意見、主張を闘わせてきていたわけで、審議の方向転換をし、妥協に至るには、法曹三者間の意見調整だけでなく部内の意見集約、納得了解がなければなりま

"最高裁と東京家裁をはじめ、実務サイドの
少年法改正問題への対応について
パイプ役を果たしたのが三淵さんだったと思います。"

せん。裁判所では、何といっても東京家裁をはじめ、少年審判の実務を担う現場の意見が大事なのです。中間報告の線で法務省と妥協して終息を図ることには、家裁内にも最後まで闘うべきだという主戦論、反対意見もありました。最高裁（家庭局）と現場の接点におられた三淵さんのお立場は難しい面もあったと思いますが、ここでも三淵さんは状況を適確に理解し、この中間報告で少年法の基本構造が維持されることを評価されました。裾分家庭局長は、「三淵さんにわかってもらったよ」とほっとした様子でした。三淵さんは、弁護士や検察官が少年審判に協力的に関与することにより、少年審判が裁判官の独善を排して客観的な批判に耐え得るものになると歓迎されたのでした（「埼玉友の会だより」六号、一九七七年）。この経緯を拝見していて、三淵さんは、少年法や少年審判のあり方についても広い視野からバランスの取れた思考をされる方だと敬意を深めました。

三淵さんと少年審判、少年友の会創設

三淵さんは、東京家裁少年部を主舞台に、一六年あまりにわたり少年審判に情熱を傾けられました。自ら「少年事件は私の生き甲斐でした」と言い、「少年審判における裁判官の役割」と題する論稿の中で次のように述べておられます。

「私の長い少年審判官生活を通じて、到底改善の見込がなく、生来の犯罪人ではなかろうかと絶望的な思いで見送った少年は二人か三人に過ぎません。その他の少年達はどんなに非行性が進んでいるように見えても、何かのきっかけがあれば或るいは立直るのではないかという希望を捨てませんでした。少年は大人と違って、変る可能性、いわゆる可塑性があるということを少年との触れ合いの中で私は信じさせられてしまいました。少年の健全育成を希う仕事に携る者が、少年の人間性を信じなければ何もできません」（別冊判例タイムズ六号、一九七九年・前掲『追想のひと三淵嘉子』収録）

昭和四一年、東京家裁の調停委員が中心となって、「少年友の会」が創設されました。家裁の少年事件の取扱いの中で、国の予算では賄えない費用があります。家裁に送致された少年を少年鑑別所に送るとき、処分決定の前に民間協力者の補導委託先に預けるとき、あるいは地方から出てきて非行に走った少年を親元に帰すときなどの当座の交通費や身の回りの下着類等の費用、少年が委託先の施設に失火等で損害を与えたときの補修費等々です。昭和三〇（一九五五）年頃には、家事部の「参調会（参与員、調停委員の任意団体）の福祉部」が共同募金等から受ける援助金の一部を少年部に回してもらって賄っていましたが、次第

全国少年友の会連絡会（全少連）設立総会（平成22年10月20日、星陵会館ホール）舞台にいるのは全少連設立準備委員会の東京少年友の会のメンバー。左から４人目が筆者（委員長、東京少年友の会理事長　いずれも当時）（東京少年友の会提供）

に、その受け皿になるしっかりした団体が必要になってきました。東京家裁の内藤頼博所長の下、少年部の三井代行、三淵さん、家事部の野田愛子判事らが中心になって、少年友の会の設立に向かいました。発起人には、裁判所側とともに、調停委員として経験が深く、著名な社会評論家で中央選挙管理委員長も務められた大浜英子さん（第七代早稲田大学総長大浜信泉氏の妻）、佐藤光子さん、井上喜久子さん、また、三淵さんとともに女性初の弁護士となった久米愛さん、参議院議員の市川房枝さん、東京高裁長官の近藤倫二さんら錚々たる顔ぶれがそろっていました。

昭和四一年四月一日、東京の法曹会館で発起人総会、第一回の少年友の会総会が開かれ、大浜英子さんが初代理事長に選ばれて活動が開始されました。「少年友の会」という名は、三井明さんが、雑誌「婦人の友」の読者の全国組織「友の会」の名称からヒントを得て付けたものでした。内藤頼博さんや三淵さんら、少年友の会創設に尽力した裁判所関係者は、自主的、自立的に少年のためにできることを考えていく、家裁とは、少年のために協働関係に立つような友の会の姿を期待していたようです。それが友の会を社会と結びつけて少年支援の輪を広げることにつながる、裁判所の言うことだけに協力してもらうのでは、裁判所の考える枠以上には進展しないだろうという、ボランティア団体のあり方についての信念があったのです（少年友の会設立趣意書）。そのような考えで、発足当初から友の会の活動に口出しをあえて控えていたため、家裁は友の会を産んでおきながら産みっぱなしではないかと苦情が出たほどでした。スタートした少年友の会の活動を支えたのは、主に女性調停委員のメンバーでした。寄付集め、継続的財政的支援を得るための企業、篤志家の開拓、補導委託先への物資の支援、委託少年への手芸、スポー

“平成21(2009)年、全国すべての家裁に対応して50会の少年友の会が成立しました。東京少年友の会創立から43年後、三淵さんのご逝去からは25年後のことでした。”

ツ、活け花等の指導、少年らの生活の世話をする委託先奥さん方の研修慰労旅行の企画等々に骨身を削られました。

昭和四六（一九七一）年からは機関紙の発行も始まり、佐藤光子さんが長く一人で頑張ってくれていました。三淵さんや草創期の女性の中心メンバーは、埼玉、名古屋等東京に続く友の会の設立、設立後の支援に尽力し、友の会が全国に広がることを目標としていました。私が昭和四七年春、家庭局付から名古屋に転勤し、最初の一年家裁少年部に勤務した時、東京、埼玉に続いて全国で三番目に設立されていた名古屋の友の会の応援に、三淵さんが東京会の女性幹部を引き連れて座談会にお出でになりました。休憩時にご挨拶でき、「ご苦労さま。がんばってね。東京で転勤のご挨拶のときお渡しできなかったから」と、濃緑のネクタイをいただきました。当時、名古屋家裁所長は家庭局長から着任されていた外山四郎さん、高裁長官は内藤頼博さん。家庭裁判所創設、少年法改正問題、少年友の会設立等に関わった主役が名古屋にそろっておられた観がありました。私は、名古屋着任後、少年友の会の会員による非弁の付添人の仕組みを、全国で初めて作ることができたこともあり、今も懐かしいところです。

三淵さんが新潟から異動された浦和家裁は、それまで所長は地裁所長が兼務していましたが、三淵さんは、初めての専任家裁所長として就任されたのです。昭和二四年に発足した浦和家裁の二〇周年にあたる昭和四四（一九六九）年に東京に次いで全国二番目に設立されたのが埼玉家庭少年友の会でしたが、目ぼしい活動はなかったのです。三淵さんは、着任後、会報の創刊、活動の活性化、会費の見直し、バザー開催等の財務基盤の強化等の支援・指導に目覚ましい貢献をされました。没後、三淵さんが設立や支援に関わった東京、埼玉、神奈川の少年友の会三会に対し、弔慰金の一部からと、ご遺族から多額の寄付が贈られました。

三淵さんのご退官後の多彩な活動の中で惜しまれてならないのは、やはり少年友の会の関係です。三淵さんは、昭和五五（一九八〇）年には東京家裁の調停委員・参与員、弁護士登録とともに、東京少年友の会の常務理事に就任されていました。それから五年後の昭和五九（一九八四）年五月にご逝去、六月二三日に戦友ともいうべき後輩の野田愛子さんが葬儀委員長として営まれた葬儀告別式で、東京少年友の会の第二代理事長として哀悼の辞を述べられたのは、内藤頼博さんでした。三淵さんの裁判官生活を通じて最も古くからご縁の深かった内藤さんですが、病床にあってなお友の会の活動に思いをはせておられた三淵さんに、ご全快の上はいよいよ友の会のリーダーとしての活躍を期待していたと惜しまれたのです。

三淵さんの少年友の会活動の広

全国高裁長官、地・家裁所長会同の際、宮中参内前に最高裁正面玄関前にて（昭和52年６月）
右から、奥村正策（函館地・家裁所長）、三淵嘉子（浦和家裁所長）、野田愛子（札幌家裁所長）、宮本聖司（松江地・家裁所長）（いずれも当時）
（東京少年友の会提供）

がりを願う思いは、後々全国に引き継がれ、平成二一（二〇〇九）年全国すべての家裁に対応して五〇会の少年友の会が成立しました。東京少年友の会創立から四三年後、三淵さんのご逝去からは二五年後のことでした。翌平成二二（二〇一〇）年には会員総数一二五六四人の全国少年友の会連絡会（全少連）が設立されました。その後の少年人口減少、少年法改正、コロナ禍等により、活動機会や会員の減少等、困難な状況はありますが、三淵さんら少年友の会の創設と広がりに尽力された先人の、少年、家裁支援の理想、社会の理解を広げる志は綿々と継承されています。

三淵さんの魅力

三淵さんは、生涯、少年審判に情熱を注ぎ、家裁の発展のためにも尽力され、また、男女差別や弱者の問題においても不正義、不合理なものには敢然と闘われました。その強さとともに相手を包み込む優しさ、人間的な温かさにあふれた人であったと思います。三淵さんは、大正三（一九一四）年、五黄の寅年生まれで、その強さの方は、仕事への厳しい姿勢、戦前戦後の困難な生活環境の中で頑張ってこられた、その生き様に示され、これこそ最大の魅力であったと思います。骨がんに侵された苦しい闘病の中での頑張りにもその強さは最後まで続きました。その苦闘の中でも明るさを失わなかったのが三淵さんでした。三淵さんをモデルとしたNHK連続テレビ小説「虎に翼」の「翼」は法律であるようですが、三淵さんの強さに力を加えた「翼」は、三淵さんの人への優しさ、人間愛だったのではないかと、私には思えます。

前記の少年法改正要綱の法制審審議の時代、三淵さんをはじめ裁判所関係の委員・幹事は、時に慰労、懇親会を持ちました。また仕

“三淵さんの強さに力を加えた「翼」は、三淵さんの人への優しさ、人間愛だったのではないかと、私には思えます。”

事始めや仕事納めのあと、三淵さんはよく家庭局に立ち寄られました。家庭裁判所設立準備室勤めや局付時代の懐かしさもおありだったと思います。くつろいで、「リンゴの唄」や「バラが咲いた」などの歌をよく歌われました。歌はあまりお上手ではなかったと、初代家庭局長の宇田川さんを支えた第一課長の市川四郎さんは後に語っておられましたが、つやのある声がすばらしかった。お酒も強かった。家庭局で、興に乗れば、片付けた事務室の机にでんとお尻を載せて歌う場面も拝見しました。童女のような無邪気さと愛らしさでした。

三淵さんご逝去の翌年に、内藤頼博さん、糟谷忠男さん、沼邊愛一さん、野田愛子さん、などが発起人となって追悼文集『追想のひと三淵嘉子』が、また、浦和家裁および埼玉家庭少年友の会関係者による追悼文集『しのぶもぢずり』が刊行されました。前者には一三〇余人、後者には四〇人の三淵さんを敬愛、敬慕する幅広い方々から、出会い、交流の想い出が寄せられています。三淵さんを「観音菩薩」のような人と語る人は多く、幼い子を置いて単身赴任しなければならなくなった若い女性裁判官への労いの言葉、転勤等の折にネクタイを贈られた話、「そろそろ必要になるでしょう」と眼鏡ケースをいただいた話など、三淵さんの人への優しさ、心遣いを示すエピソードがふんだんに語られています。

最後に、三淵さんのファッションについて私も一つ。最高裁では、毎年六月に全国の高裁長官、地・家裁所長の会同があり、その機会に皇居拝謁の行事がありました。今は服装等のしきたりは変わっていると思いますが、昭和五一、二年頃は、男性はモーニング、女性はロングドレス着用となっていました。

当時、三淵さんは浦和家裁所長、野田愛子さんは札幌家裁、前橋家裁所長の時代です。チャーミングで華のあるお二人がそろうと女学生のようなにぎやかな笑い声です。場がぱっと明るくなります。拝謁のために家庭局の会議室を締め切ってロングドレスに着替え、お二人が正装で会議室から出てこられると、局内に賛嘆の歓声が上がったことでした。

この拙文を書く機会を与えられ、数十年ぶりに三淵さんにお目にかかれた気持ちに浸ることができました。

佐賀千恵美（弁護士、元検察官）

翼を得て

Talking about
Yoshiko Mibuchi

激動の人生

優れた頭脳と意思力、自己中心性に自我の強さ、そして他人への思いやりと献身。

——それらのすべてが三淵嘉子先生にはあった。

嘉子先生は、少女時代は裕福な家庭で不自由なく育ち、昭和一三（一九三八）年には日本で初めて女性で弁護士になる試験に合格した。しかし、第二次世界戦争中には幼な子をかかえて疎開で苦労し、終戦の前後には実弟の戦死、夫の病死、実母と実父の病死という、四つの相次ぐ悲しみに見舞われた。しかも、法制度が男女平等とされた戦後には、裁判官になって、日本の少年少女や家庭のために走り続け、子連れ同士での再婚もした。六九歳で亡くなるまで、激動の人生だった。

そんな嘉子先生が、日本で初めて女性も弁護士になれる時期にめぐり合って、法曹の資格を得たことは、まさに「翼を得た虎」だったといえる。

女性も弁護士になれるという昭和一一（一九三六）年の改正法の施行が、あと数年遅れていたら、（当時は武藤姓だった）嘉子先生は、すでに別の人生を歩み始めて

“嘉子先生が、日本で初めて女性も弁護士になれる時期にめぐり合って、法曹の資格を得たことは、まさに「翼を得た虎」だったといえる。”

いたことだろう。時代や人とのめぐり会いも、人の生き方を決める要素だと、あらためて思わされる。

日本最初の女性法曹のドキュメンタリーを執筆

私が三淵嘉子先生、中田正子先生、久米愛先生という日本で初めて女性で弁護士になった三人のドキュメンタリー（『華やぐ女たち　女性法曹のあけぼの』〔早稲田経営出版〕）を、今から三〇年以上前の平成三（一九九一）年に出版したのも、偶然のきっかけからだった。

私が東京地検の検事を辞めた後の昭和六〇（一九八五）年に、これから法律家になろうとする女性のための原稿を書いた時、出版社の人から「いつ頃ですか？　日本に女性の弁護士や裁判官が生まれたのは」と尋ねられた。しかし、私はその問いに答えられなかった。そして、当時は日本の女性法曹の草分けについてのまとまった本がないのに気づいて、私はいろいろと調べ始めた。そしてまだお元気だったお身内の方たちや、たった一人ご存命だった中田正子先生へのインタビューを行った。その時点ではお話が聞けたが、今となってはそのほとんどが鬼籍に入っておられる。

手探りで取材をしていたその頃のことを思い出すと、令和六（二〇二四）年四月からの、三淵嘉子先生をモデルにしたNHK連続テレビ小説によって、女性法曹の黎明期に多くの人の関心が向けられることには、隔世の感がある。

一人息子、和田芳武氏の取材エピソード

三淵嘉子先生の一人息子だった和田芳武氏の自宅にも、取材を始めた頃に、訪問していた。その時は、私が女性法曹として嘉子先生の志の一端を継ぐ者だということで、芳武氏は私にいろいろな話をされ、嘉子先生の日記を見せてくださった。その芳武氏も、今から数年前には亡くなった。

嘉子先生が昭和二四（一九四九）年八月に裁判官になった頃には、実弟の武藤輝彦氏夫妻と同居していた。そして、翌年の五月に、嘉子先生は、アメリカの家庭裁判所の運用状態を見るためにアメリカへ行くチャンスを得て、約六か月間、日本を離れた。その時、芳武氏は小学二年生（七歳）で、武藤輝彦氏夫妻に任せられた。私が取材した時に、武藤輝彦氏は、こう話した。

「芳武は成城にある、ゆかり文化幼稚園から玉川学園の小学部に進みました。どちらも、日本で最も自由な所でした。しかし、芳武は、そこですらはみ出す子でした。彼は頭の回転は早いです。しかも、わくにはまりません。自分の思うとおりに行動しました。小学校の授業中に、一人で虫取りに行ったりするのです。私の妻も彼にはだい

嘉子と幼少期の芳武
（遺族提供）

ぶ、手をやきました」（『三淵嘉子・中田正子・久米愛　日本初の女性法律家たち　女性法曹のあけぼの』〔『華やぐ女たち　女性法曹のあけぼの』復刻版、日本評論社、二〇二三年〕。以下、芳武氏の発言は同書による）

他方、芳武氏は、私にこう言った。

「昼間、母は裁判所に行っています。おばさんの温子（はるこ）さんには、とても世話になりました。ぼくは音痴でした。小学校でもまともに歌えませんでした。おばさんはオルガンを弾いて、ぼくに歌の練習をさせてくれました。しかし、おばさんがいても、母がアメリカに行っている間はさびしかったです。授業はほとんどさぼって、遊び回っていました」

❁

芳武氏の言葉で、いつも感じられたことは、嘉子先生への愛着だった。しかしまた、芳武氏は小学生の時の忘れられない思い出として、私にこう語った。

「ぼくは小学校に着て行ったレインコートを、なくしたことがあります。昭和二五年頃ですから、まだ物がない時代でした。母は貴重な物がなくなって、よほど悔しかったのでしょうね。ものすごく怒りました。ぼくに『どこに忘れたの。言いなさい！』と、大変なけんまくで怒鳴ります。ぼくは、わざと置いてきたわけではありません。どこに忘れたか、さっぱり分からないわけです。しかし、何か言わないと許してもらえません。ぼくは適当な所を答えました。すると、あとで小田急線の電車に忘れていたことが分かりました。営業所からレインコートが戻ってきたのです。ぼくは別の所に置いてきたと言っていたので、母はぼくを『うそつき』と、なじりました。ぼくは、心外でした。覚えていないものを強引に白状させられたのですから。とにかく、母は気性が激しかったです」

三淵嘉子さんの再婚

昭和三一（一九五六）年八月に、嘉子先生は再婚した。芳武氏が一

“母は初めての女性の法曹の一人で、男の社会で戦っていました。安心してすべてを話し、相談できる夫を得ましたから、幸せでしたね。”

三歳で、麻布中学の二年生の時だった。夫となったのは、裁判官で最高裁の調査官もしていた三淵乾太郎氏であった。妻に先立たれ、家には当時二一歳（次女）、一八歳（三女）、および一四歳（長男）の三人の子がいた。

その末っ子の三淵力氏は、嘉子先生が亡くなった後にこう書いている。

「一人息子、芳武を連れて嫁して来た時、継母は、さぞや敵地に乗りこむ進駐軍、といった心がまえであっただろう。はたせるかな、昨日、仲むつまじかったかと思うと、今日はもう言い争い、といった風に波乱が起き、我が家は、平穏とはとても言い難い状態になった。（中略）むしろ、仕事があったからこそ、家庭をなんとか世間並みのレベルで保てたのだろうと思う。生きる事にあれほど熱心であり、ひたむきであった継母の昔日を想うと、専業主婦であったなら、複雑な構成の我が家は、多分崩壊したのではなかろうか」（『追想のひと三淵嘉子』〔一九八五年〕三三三頁以下）。

この再婚について、私が芳武氏に「嘉子先生は再婚されて、よかったでしょうか」と尋ねた時、芳武氏は「母にとっては、絶対、よかったですね。母は初めての女性の法曹の一人で、男の社会で戦っていました。安心してすべてを話し、相談できる夫を得ましたから、幸せでしたね」と、答えられた。

しかし、芳武氏は母の再婚後も、それまでの和田姓を変えなかった。

草分けとしての自負とハングリー精神

三淵嘉子先生、中田正子先生、久米愛先生という草分けの三人が、日本で初めて女性で弁護士になる試験に合格された昭和一三（一九三八）年から今まで、八五年ほどが経った。この間、法制度は平等になり、科学技術は飛躍的に発展した。家電も比べものにならないほど便利なものになった。女性法曹の人数もかなり増えた。

しかし、日本社会で女性が仕事をするときの困難性や、親子・夫婦の関係性は、今でも、根本的には変わってはいないように思われる。

むしろ、戦中戦後の苦しい時代を生き抜いた三人には、草分けとしての自負と、ハングリー精神があった。ハングリーであるということは、頑張るための動機にも、強みにもなる。

私が芳武氏に対して、戦後すぐに夫（芳武氏の父・和田芳夫氏）を亡くした悲しみを、日常、嘉子先生から感じたかを尋ねた時、芳武氏は、「いいえ、全く。子供にさびしいなんて、言いませんよ。仕事を持った女性ですから。戦って生きています。弱音は吐きません」と答えた。

また、嘉子先生も、次のように書いていた。

「職場における女性に対しては女であることに甘えるなといいたいし、また男性に対しては職場において女性を甘えさせてくれるなといいたい。私が東京地方裁判所に裁判官として配置されたとき裁判長がはじめていわれたことは『あなたが女であるからといって特別扱いはしませんよ』という言であった。その裁判長は私の裁判官生活を通じて最も尊敬した裁判官であった」（『女性法律家——拡大する新時代の活動分野』（有斐閣、一九八三年）一五頁）

そして、嘉子先生が闘病の末に、昭和五九（一九八四）年五月に、病院で息を引き取った直後のことにつき、三淵乾太郎氏の娘婿の森岡茂氏が、次のように書いている。

「芳武君が、突然、義母の「髪を撫でながら、低い声で『ここは御国の何百里……』と『戦友』の歌を歌い出した。その声は、物哀しく、かすれながらいつまでも続いた。芳武君は、母の戦いは終わったと思ったとき、ほとんど無意識に歌い出したのだという」（『追想のひと三淵嘉子』三三九頁）

日本初の女性裁判長としての熱意

「ポストは人を育てる」といわれる。嘉子先生は、戦後の家庭裁判所で、非行などをした五〇〇〇人以上の少年少女たちに向き合って、少年審判を行ったという。また、離婚その他の、家庭裁判所での調停等にも関与した。日本で初めて女性で、家庭裁判所の所長にもなった。それらのすさまじい仕事ぶりは、嘉子先生を鍛え上げたことだろう。

裁判官だった内藤頼博氏は、嘉子先生について、次のように書いている。

「三淵さんの少年部における活躍は目ざましかった。少年審判という制度も、三淵さんによって命を吹き込まれた。多くの人が、三淵さんによって少年非行に対する眼を開かれた」（『追想のひと三淵嘉子』一一九頁）

第二次世界大戦後に作られた日本の家庭裁判所は、「家庭に光を少年に愛を」を標語としていた。しかし、その理想の実現を目指して実務を担う人たちがいなければ、それは言葉だけの空虚なものになる。

女性の草分けとしての気遣い

山脇哲子氏は、嘉子先生が横浜家庭裁判所の所長をしていた時期に、司法修習生として横浜で実務修習をしていた。また嘉子先生が

“戦中戦後の苦しい時代を生き抜いたお三人には、草分けとしての自負と、ハングリー精神があった。”

退官後にも、日本婦人法律家協会（現在の日本女性法律家協会）の役員として、嘉子先生と接してもいた。

山脇氏が見た退官後の嘉子先生は、魅力的ではあったが、押しが強く、理性的というより感情的だった。しかし、横浜家庭裁判所では、嘉子先生は穏やかで温かく、緊張していたのか、周りの人や司法修習生にも気を遣っていたという。

確かに、家庭裁判所で嘉子先生が細かい気配りをしていたことは、複数の人が気づいていた。東京家庭裁判所の参与員だった土肥重子氏は、嘉子先生にヨーロッパの香水をお土産に持って行った時のことにつき、次のように書いている。

「三淵さんは、ていねいにお礼を述べたあと、『でも、あたくしは、香水をつけないのよ。法廷で、香水のにおいがすると、書記官が、気になるらしいの。だから、もう若いころから、香水なしで過ごしているのよ』といった。その言い方がサッパリしていたので、贈った方も、全然、傷つかなかった。だが、男性の中で、人知れず苦労を重ねたであろうことは、十分に想像された」（『追想のひと三淵嘉子』一九〇頁）。

また、弁護士の堀越みき子氏は、非行をして家庭裁判所に送られてきた少年が入室してきた時、「瞬間、三淵先生は、いともさりげなく、左手薬指にはめていらっしゃった指輪をクルッと回転させて、手のひらの側に移動させ、宝石を少年の目に触れないようになさいました」と書いている（『追想のひと三淵嘉子』二六八頁）。

そういう気配りをするようになったのは、嘉子先生が注目され一挙手一投足を見られる存在だったからだと思われる。また、嘉子先生が単に自意識が強いだけではなく、自己規律もできる方だったということを示すものでもあろう。

走り抜いた人生

男性にとっても女性にとっても、仕事と家族と自分自身のために、時間やエネルギーをどう使っていくかという問題は、その人の環境や人生観や人間関係に左右される。

嘉子先生がアメリカへ約六か月間の視察に行っていた時は、小学二年生（七歳）だった長男の芳武氏は、弟の武藤輝彦氏夫妻に任せられた。また、三淵乾太郎氏と再婚してからも、裁判所の任地の関係で、夫妻が別々に暮らす時期もあった。

人に与えられている時間は限られており、すべてのことを一〇〇％できるということはない。また、人は完全な存在でもない。

しかし、実力を発揮できる仕事があり、それに熱意を注ぎ続けることができたことで、嘉子先生の人生は、充実したものであっただろう。また、それは女性の力の証明という社会的な意義もあった。

[第4部]

家庭裁判所発足の頃

座談会「家裁発足当時の思い出」について

この座談会は、創成期の最高裁判所家庭局に勤務した裁判官や職員のOBが参加して、昭和57（1982）年に行われた。内容が一般に公開されるのは、本書が初めてである。

私は個人で休日を使って関係者や遺族を取材していた際、この座談会のことを知り、発言内容をまとめた「速記録」を発見した。

参加者は三淵嘉子のほか市川四郎、内藤文質、森田宗一、柏木千秋など、昭和24（1949）年に発足した最高裁家庭局のメンバーが集合している。文字どおり「レジェンド座談会」である。また当時の家庭局長の栗原平八郎をはじめ一課長から三課長まで現役の人々も参加している。加えて司会は、三淵の後任の局付となった元家庭局長の外山四郎である。

発言には家庭裁判所の創設前後の苦労や、GHQの関与などが多く含まれる。これまで活字になっていない事実も多い。また、参加者の和気あいあいとしたやりとりは、当時の自由な雰囲気を感じさせる。

座談会はもともと公開を予定して行われたのではなく、速記録も関係者向けに作成されたものだが、私はこの貴重な内容が日の目を見ないまま埋もれるのは、戦後司法の歴史を考える上で損失であると考えた。このため座談会を当時企画し、速記録を作成した奥山興悦氏（当時最高裁家庭局第二課長、現弁護士）に依頼して、特に歴史的な証言を中心に、「抄録」として一部掲載する許可をいただいた。記録は明らかに記憶違いの部分は削除あるいは修正したほか、人名や内容の一部も可能な範囲で補足や修正を行っている。

すでに40年前の座談会であり、出席者は多くが他界された。当事者の言葉を通じて、家庭裁判所を作り上げた先人の熱意や努力の一端を知っていただければ幸いである。（清永聡）

〔第4部〕

家庭裁判所発足の頃

座談会「家裁発足当時の思い出」

Symposium
Memories of when the Family Court was established

日時――昭和57（1982）年12月12日　場所――みやこ荘

〔出席者〕

市川四郎
（昭和24（1949）年最高裁家庭局第一課長兼第二課長、元東京高等裁判所長官）

沼邊愛一
（昭和29（1954）年最高裁家庭局付・33（1958）年家庭局第一課長兼第二課長、当時広島高等裁判所長官）

三淵嘉子
（昭和24年最高裁家庭局付、元横浜家庭裁判所長）

柏木千秋
（昭和24年最高裁家庭局付、当時名古屋大学教授）

内藤文質
（昭和24年最高裁家庭局第三課長、当時弁護士・東洋大学教授）

外山四郎
（昭和24年最高裁家庭局付・43（1968）年家庭局長、元札幌高等裁判所長官）（司会・進行）

森田宗一
（昭和24年最高裁家庭局付・30（1955）年家庭局第三課長、元東京家庭裁判所裁判官）

皆川邦彦
（昭和24年家庭局職員、元簡易裁判所裁判官）

〔最高裁判所事務総局家庭局〕

栗原平八郎
（当時家庭局長、元東京高等裁判所長官）

山田博
（当時家庭局第一課長、元浦和家庭裁判所所長）

奥山興悦
（当時家庭局第二課長、元東京高等裁判所裁判官〔部総括〕）

長谷川知賢
（当時家庭局第三課長、元最高裁家庭審議官）

栗原　本日は先輩方のお話をうかがうことを非常に楽しみに参りました。よろしくお願いいたします。

外山（司会）　本日は家庭局の昔話を少しまとめておうかがいします。ご承知のように、昭和二四（一九四九）年一月一日に最高裁判所事務総局に家庭局が、また、全国に家庭裁判所が設けられました。家庭裁判所が発足するまでのご苦労などおうかがいできればと思っております。

家庭裁判所が誕生するまで

市川　私は、家庭裁判所設立準備室に昭和二三（一九四八）年一一月から入って、その当時は、まだ設立準備室等の一つの部屋があったわけじゃなくて、総務局の一つの課のような待遇を受けていました。総務局へ行く前は、家事審判所の家事審判官をしていました。それで、家事審判官の中からということで、私が送り込まれたというわけです。その当時、少年関係は内藤文質さんが、総務局にすでにいらっしゃって、家事関係は私、少年関係は内藤さんということで手分けをして、設立準備の仕事が始まったら、仕事を始めようという態勢に入ったわけで、それが、結局、設立準備室のそもそもの発端なんです。設立準備室らしい仕事を一つの部屋を与えられて始めたのが、もう一二月に入ってからだったと思います。まず予算をどうするかということで、予算の仕事を始めたのが一二月七日ということになっておるようです。ですから、その頃は、まだはたして家庭裁判所ができることになるのか、それとも流産するのか、よくわからない状態であったと思います。

そういうところから出発して、たとえば、少年関係では森田（宗一）さん、皆川（邦彦）さん。事務官としては柏木（千秋）さん。正木（俊夫）さん、亀田松太郎（東京家裁初代事務局長）さん、それから、少し遅れたと思いますけども、八島俊夫君。こういう方たちが参加してきて、非常に活況を呈して設立準備室がフルに回転し始めた。しかし人数がとにかく少ないですから、十分とはいえませんでした。夜遅くまで、ほとんど連日帰るのが一〇時過ぎになったんじゃないかと思いますけれども、そのくらい一生懸命に頑張って設立準備の仕事をやったわけであります。

外山　今うかがっていますと、切迫した段階で準備室ができ、具体的な準備が始まったという、ずいぶん慌ただしい時間だったように思いますけれども、なぜこんな切迫した時期に準備を急いでしなければならなかったのか、そこら辺の事情をどなたかお話しいただけますか。これは、家庭裁判所設置という方針が、いつ立てられてどんなふうに動いていったのかということに関係があるだろうと思いますけれども。

市川　家事審判所にいて、家庭裁判所を作るかどうか、少年と家事の一本立てにするかどうかということで議論をしていた時に、たまたま、それに参画した経験はありますけれども、本当に最高裁判所として家庭裁判所を作るかどうか、そういうことは、むしろ総務局におられた内藤さんがよく関与しておられた。

外山　むしろ少年審判所側からの問題というのが、その家庭裁判所でその動きを追認したのかもしれないけれど、どうぞ内藤先生。

内藤　一二月半ば頃辞令をいただいて、総務局第一課で、少年法が通過して、新しい裁判所ができるから、そのことについていろいろ考えてほしいということでございました。桑原（正憲）先生が、当時の総務局の第二課長でございまして、それで、最初は少年裁判所を設立するということで議論された。これはいつ頃か、あまりはっきり記憶にないんですけども。

外山　東京へお出ましになった頃は、まだ少年裁判所という構想でしたか。

内藤　少年法の立案にあたるために司法省（現在の法務省。昭和二三年二月一四日までの名称）に入ったのは、昭和二二（一九四七）年の暮れ頃でしたね。確か、それで立法室というのができまして、少年法と司法保護事業法というものの改正問題がそこで論議されて、その少年法関係を柏木先生が担当されていました。

外山　そうすると、その少年裁判所構想が、家庭裁判所構想へ移ったのはいつ頃ですか。

内藤　私が総務局に入ってからですね。家事審判所ができてからです。

外山　二三年の一月からですね。

内藤　それで、裁判所を作るからには、やっぱり家事審判と少年審判というものは、一緒にやるべきだという議論がその頃何となく出てきたというような気がする。

外山　それは、どこから出てきたものでしょうか。裁判所側からでしょうか、ＧＨＱからでしょうか。

内藤　それは、私の記憶では裁判所側だと思います。つまり家事審判所関係から出たんじゃないかと。

柏木　刑事訴訟法とほとんど日にちが二、三日違いで、昭和二三年七月に少年法が国会を通った。少年法の中にはすでに家庭裁判所という言葉が使ってある。

奥山　家庭局で出しております記録によりますと、二三年二月六日に（ＧＨＱの）ルイス博士からの少年裁判所法と少年刑事事件特別処理法と二本立ての立法を行う方針で、作業が進められた。しかし、二三年五月二二日に至り、すでに構想として具体化しつつあった、いわゆる少年裁判所と、当時の家事審判所等を統合して、家庭裁判所を創設することになった。そして、あわせて旧少年法を改正する法律を制定することになったとあります。

市川　記録には、統合してやることになったというその時期が書いてないですか。

奥山　五月二二日と書いております。

柏木　そうでしょう。だから、その時にすでにそういうふうになって、そして、少年法ができたのが七月なんです。

奥山　そうでございます。七月一五日に少年法が。

外山　二三年七月の法律に表れた家庭裁判所というのは、少年法の事件だけを対象にしている家庭裁判所だったのか、あるいはもう統合することがすでに法律の上でも構想として表れていたのでしょうか。

市川　私も今、記憶に残っているのは、昭和二三年五月頃までの間に、実は、家事審判所は、やはり独立の裁判所を作るべきだという決意をもって最高裁判所に非常に強くアピールしたんですよ。

　そうしたら、結局、同じようなものが二つ独立して、家事裁判所と少年裁判所と二つ作るということはおかしいと。だから、これは、もし作るなら一本化したらどうかと、こういう話でした。ところが、裁判所側では、地裁の方でも、家裁の方でも、少年と一緒にした家庭裁判所を作ることには反対だという空気が非常に強かった。そして、意中の人たちが説得して、ようやく、それじゃあやむを得ないから、統合したもので家庭裁判所というものを作ろうかと、こういう話になってきたんです。

柏木　それは、七月に、ＧＨＱの方と交渉していた時に、今度は裁判所の方から、家事裁判所の大きなものを作れという要請が出た。ところが、それでは予算も足りないし、そんな大きなものを二つ作らなくたっていいじゃないかというのが、ＧＨＱの考えでした。それじゃやっぱり統合すべきだろうという空気に、法務庁（現在の法務省。昭和二三年二月一五日～二四年五月三一日までの名称）の方はなっていて、裁判所の方は渋々やむを得ないだろうということになった。それで、一緒にするんだったらどういう名前がいいかと言うんで、それなら、ファミリーコートがいいんじゃないかと言うと、それは結構だなということになった。今の少年法は、そういう線でそういう名前で立案して、そういう名前で国会に出ているんです。だから、もう少年法が七月に成立した時点においては、家庭裁判所という名前になっているし、家庭裁判所という名前を使う以上は、両方（家事審判所と少年審判所）が統合されたものでなきゃ家庭裁判所ではないわけだから。その（意味の）家庭裁判所で（あったけれども）、少年法には、家庭裁判所内の、実際は少年部が活動する部分だけしか書いてない。それじゃあ家事部の方は、どういうふうな仕事をして、少年部はどういう仕事をするかということは裁判所法で決めるので、それとあわせて裁判所と、それと同時に家事審判所も一緒に一括して改正されたものです。したがって、家庭裁判所設立準備室で少年審判所と家

座談会出席者
前列左から森田、三淵、市川、内藤、柏木、
後列左から山田、栗原、沼邊、皆川、外山、奥山
(奥山興悦氏提供)

事審判所を統合するとか何とかを議論する余地はまったくない。それは、前から決まっていた。

市川 家庭裁判所設立準備室というのは、その設立のために必要な事務を、主として予算と法規の整備、そういうものをやっただけのことなんですよ。その方針はすでに我々が準備に入るまでの間に決まっていた。私なんかは、家事審判所を独立した家事裁判所にすべきだということも、急先鋒で最高裁や高裁なんかにアピールしとったもんです。

外山 あまり少年裁判所とは一緒になりたくないということでしょうか。

家裁発足に対して GHQからの指示は

柏木 裁判所の方からそういうふうな強い要求があったことは、こっちは法務庁にいるもんですから、間接にしか知らないわけですよね。それで、じゃあ法務庁の方は、裁判所の意向がそうだけれども、しかし、やっぱり予算とか、そういうような関係ですと無理だと。これは、法務庁が無理だと言い出したのか、ＧＨＱが無理だと言ったのか、それは知らない。それならしょうがないじゃないかというＧＨＱの意向で。

森田　六月末、そして、いよいよ家庭裁判所ということにならざるを得ない決め手になったのは、予算なんです。こんな膨大だと大変だというのでＧＨＱが止めたんです。そして、それじゃあ家庭裁判所と一緒にしてというのは、二三年の秋なんです。

柏木　家庭裁判所と書いてある以上は、家事審判所の権限と従来の少年審判所の権限を、要するに、少年（部）と家事部が一緒になるということは、すでに決まった。ただ、一緒になるにしても、なり方が非常に問題のところは、調査室あたりで、多少の細工をしたかもしれない。裁判所法を作る際に、とにかく、両方一緒にするという大原則そのものは、（少年法の）法律案の中にもうあったんです。それは、もうまったく疑いの余地がない。法務庁は、非常に強く反対した。

市川　法務庁は、ＧＨＱに対して、二四年一月一日からの施行は無理だと要求していたんじゃないですか。

柏木　と思います。

市川　そうだろうね、それでなかなかやれという指令が出なかった。

柏木　それは、あるいはそうかもしれない。つまり、七月の幾日かに法律は通った。それで、刑事訴訟法は確かに昭和二四年一月一日から施行することになっていたんだけれども、少年法は、殊に少年院とか施設の関係があるでしょ。それで、とてもじゃないけど金ができないというので、確か二年間経過規定がある。常に経過規定があって、もう一年経過規定を延ばした。その経過規定の内容は何だったか僕は覚えていない。

沼邊　それは、（少年法の対象）年齢。一八歳から二〇歳にするのを延ばしたわけです。

三淵　年齢です。一八歳まで、施設関係によるものです。

内藤　それともう一つは、犯罪者予防更生法ができていなかったということがある。

沼邊　それもある。犯罪者予防更生法が遅れたんですよ。

❀

三淵　私は、二三年一月一日に（最高裁）民事局へ入って、第二課というのが家事審判所関係をやっていたわけですね。民事局の局議で家庭裁判所にするか家事審判所独立にするかということを詰めた時の記憶が、非常に鮮明に残っているんです。その時初めて、アメリカに家庭裁判所なるものがあって、少年部、家事部があるとか、少年審判所がアメリカからの輸入であるということをうかがった上で、局議をしたんです。その時は、少年部、家事部を一緒にした家庭裁判所にしようと、非常にあっさり局議は決まった。中で反対する人はいませんでした。

柏木　そうすると、市川さんなんかの話の空気とはちょっと違う。

三淵　最高裁の民事局は、非常にスムーズにそっちへ進んだ。

柏木　それじゃ現場がむしろ。

三淵　その時は、ＧＨＱがどういう意向かということは、全然出ませんで、最高裁民事局の局議としては、結構じゃないかと。少年裁判所と家事審判所と二つあるというのは、アメリカの例があるし、日本はその後を追っているんだからというような沿革的なものと、それから、いくつも裁判所があるのはまずいんじゃないかというもので、民事局の中ではすっと決まったんです。

市川　おそらく、それは、やっぱり現場がもう一本化してもやむを得ないと、そういう空気がかなり強くなった段階だろうと思いますよ。

森田　私の記憶だと、関根小郷

（当時最高裁民事局長兼行政局長）さんが非常に統一に積極的だった。だから、局議とか最高裁の民事局では、私は局長の意向というものはずいぶん強かったと思う。

内藤　最高裁判所では、将来の裁判所として、今、発足させた方がいいのか、それとも、待った方がいいのかというような考え方が決まってなかったみたいですね。

外山　最後のところは、ＧＨＱの裁断によったかのごとくにも読めますが。

内藤　それは、おそらく最終で、法務庁との関係もあったけれども、裁判所としては、やっぱり今改正が整っている時に早く発足させた方が、裁判所を作るにはいいんじゃないかと決まって、そして、ＧＨＱにその答申が行ったんで、ＧＨＱで裁断したんだと思います。ともかく、私の記憶では、一二月一五日頃でした。一月一日から施行するという。

市川　それをやるには、予算がつかなきゃいけないんだけれども、ＧＨＱがうんと言わなきゃ予算がつけられないその当時の事情ですからね。だから、五鬼上（堅磐〔当時最高裁事務次長〕）さんが、一二月七日に、ＧＨＱのモーラーという人を介して、明年一月から少年法を実施する意思以外にないと（確認した）。同（モーラー）氏は、「施行の変更はないと思うから、家庭裁判所設立に必要な最小限度の予算を提出せよ」と回答しているんです。それで、最小限度の予算を作って、八日にモーラー氏を訪ねて、予算要求書を提出したんです。そうしたら、九日にモーラー氏が「明年一月家庭裁判所を開設することおよび請求をする最小限度の予算を確保する」と、最終的な回答があったんです。一一日になって昭和二三年の追加予算に家庭裁判所開設のための費用として、一億一千万円余が計上されたんです。

外山　一億一千万の大きな内容というのは、何だったんですか。

市川　土地を購入して、独立庁舎を建てるための予算だったと思います。

家裁発足と最高裁判所家庭局の誕生

外山　最後に、いろいろ準備ができあがったというのは、大晦日なんですか。

市川　大晦日ですよ。大晦日も正月も何にもなかったね。ひどかったね、暖をとるものというのは何にもないんだから、火鉢や炭もなければ何もない。だから、木の筆箱とかいろんなものがあると、みんな持ってきて燃やすんですからね。

外山　一二月中に会同があったのですか。長官会同でしょうか。

市川　一二月一三日ですね。

外山　その会同は、家庭裁判所が翌年一月から発足することを前提にした会同でしたか。

市川　そうです。その時に予算の問題と人事と（を協議した）。

外山　少年審判所関係との調整の会議にもなったようなことをおっしゃっていましたね。

市川　ブロック別所長会同が一四日。一六日に最高裁判所会議室において、法務庁、検察庁、少年審判所、国家警察、最高裁判所と、少年保護事件の取扱方針について協議した。

一七日に東京高等裁判所の会議室において、東京高等裁判所管内所長会同があり、一九日正午から会議室において全国少年審判所長の会議があった。私は、この時に初めて宇田川（潤四郎〔初代最高裁家庭局長〕）さんに会ったんだと思います。一二月一八日、一九日ですね。

外山　中央だけでなく全国各地で、二四年一月から、家庭裁判所の準備が行われるようになったということでしょうか。

市川　一二月二〇日に家庭裁判所開設についての新聞発表をしているんです。

外山　いよいよ二四年一月一日から家庭裁判所が発足し、家庭局が誕生したわけですね。家庭局誕生の時の場所は、今の準備室と同じですか、別なところですか。

皆川　準備室は、そのままで家庭局となりました。

外山　そこへ宇田川さんが局長として赴任してこられたんですね。それで、市川、内藤（文質）両課長がご就任になられた。

市川　ええ、そうです。一課に柏木さん。二課に三淵さん。

外山　当時の和田嘉子さんがデビューなさったわけですね。

皆川　三課には森田さんがいた。

外山　局付は二人いたんですか。

森田　三人。それぞれの課に一人ずつみたいで。

外山　柏木先生も局付だった。

森田　最初は、事務官だったんですね。

柏木　僕は、一月一日からだったかなあ、ちょっと今記憶にないです。準備室そのままの小さな部屋だったという話だけれども、僕は、小さな部屋じゃなかった。やっぱり二つか三つかあった。

三淵　五階を建て増したところへ移った。

最高裁家庭局の組織と雰囲気

外山　急にそういう一つの組織ができまして、最初は、何十人ぐらいおりましたかな、三〇人ぐらいおりましたかしら。

市川　どのぐらいだろうね。

外山　三課はあったわけでしょ。三つの課があってね。最初に近くの人が集まっていたんじゃないでしょうか。

森田　そんなに多くはなかったような気がするな。三〇人もいないな。

外山　その後、組織のようなものが何かありましたか。どういうところから集めたのでしょうか。

市川　総務局からそうでしたね。

皆川　ええ、訟廷部だとかね。

市川　そうでしょう。それから、やっぱり民事局からももらったんじゃないですか。

三淵　そうですね。

外山　ずいぶん若い人が多いようだったね。

栗原　二四年九月一日現在の家庭局のメンバーは、全部で二七、八人です。

外山　外部から採った人も相当いたのか、それとも各局課から集めた人ですか。

皆川　外部からの人もいましたね。

沼邊　旧庁舎の屋根裏に移ったのはいつなんですか。

三淵　五階のバラックの建物。その後、事務室にも何回か顔を出したから。いつでしたか。

沼邊　もう家庭局を出たばっかりじゃないですか。

三淵　でも、私が入ってから引っ越しましたわ。だから、一月にみんな入ってからすぐ引っ越したんじゃないんでしょうか。メンバーが集まってからね。

内藤　だと思いますね。

皆川　あの準備室の小さい部屋では入らなくなった。

三淵　とても入れません。だから、家庭局が発足した後、五階へ移ったんですね。

外山　上から下までいろんな方々が集まって組織されたわけですが、どんな具合でしたか。

市川　別に問題らしい問題というのはありませんでしたね。割に和気あいあいでしたね。

柏木　お役所にしては、桁外れに自由な空気がありました。みんな勝手にワイワイ議論して、僕は、宇田川さんなんかを相手にして、本当に勝手放題の議論をしていました。

三淵　事務官も雇（やとい）もみんな気分としては対等でしたね。雇まで対等でした。

市川　雇まで本当に差別なしに何でもしゃべりました。

柏木　そういう空気が今日まで家庭局の（ＯＢ）会を存続させた一

家裁創設記念週間にあわせて制作されたポスター（『裁判所百年史』〔最高裁判所事務総局、1990年〕より引用）

つの精神的基盤だと僕は思うんです。

外山　みんなが若かったですね。私は、遅くて半年以上経ってから参りましたけれども、局付が庶務主任の次ぐらいの歳で、あとみんな一般の事務官は、局付より若かった。前のところは、局長、課長、局付、一般事務官というように、年齢が上から下へうまくそろっていましたから、家庭局は非常に全体若々しい気分で。

柏木　外山さんは、その頃いらっしゃったのですか。

外山　三淵さんと八月でしたか、交代しましたね。

柏木　三淵さんと交代。三淵さんはどこへいらっしゃったんですか。

三淵　東京家・地裁まで。

柏木　それじゃあ、僕が去る少し前ですね。

外山　そうです。しばらくご一緒でしたから。私が参りました時は、もう旧最高裁庁舎に家庭局は移っておりました。

三淵　そうですね。

全国の家裁を訪問

外山　皆川さんは、当時いくつぐらいでしたか。

皆川　二五、六（歳）でしたね。

三淵　本当に熱血青年で、熱血漢で、一番怖い存在だったかもしれない。

市川　頑張りやで、ガリ版刷りが実に上手だった。

皆川　昭和二三年の暮れ、もうそろそろ家庭裁判所が始まるなという時に、調査官が何やっているのか、審判官が何やっているのかわからないと、内藤先生が少年審判の時におっしゃった。調査官の話を私が原稿を書いて、内藤先生に見てもらって、それをガリに切って全国に配布するわけですよね。とても役所なんかでできないですよね。家へ持ってきてやりました。

内藤　それは五冊全国に配った。あれは立派なものでしたよ。

柏木　皆川さん、僕がいつから家庭局に身柄が移ったかという問題に関連するんだけれども、家庭裁判所の運営に関して説明するというので、家庭局から現地へ、各高裁単位かな、あるいは地裁かな、行ったことがあるでしょう。あなたとご一緒に行ったこともある。あれはいつ頃ですか。あなたとご一緒に、確か東北へ行ったような気がする。

皆川　そうです。東北へ行っています。

市川　あれは、二四年の二、三月頃から始まったんです。

柏木　それなら、その頃僕はいたはずですね。僕は、松江か、山陰方面に、昭和二三年の暮れに刑事局から刑事訴訟法の説明に行った。ところが、家庭裁判所へも行ったことがあるんです。それ以外に二回ぐらいずつ行っている。

市川　それは、家庭裁判所を発足したが、発足当初どういうふうにやっているだろうかということを、一応見ようということで手分けをしたんです。

柏木　そうでしょう。じゃあ、それならそれにも私は一か所か二か所行っているから、それが二、三月頃なら、僕は家庭局にはいたはずです。その時に、確かに東北へ行った記憶がある。東北の山形かどこかの所長さんに、「もうどうしていいかわからないんだよ。お待ちしていましたよ」と言われた記憶があるけれど、名前は覚えていない。

発足時の家裁裁判官と調査官

外山　その頃の家庭裁判所の少年担当の裁判官は、覚悟して少年審判所からおいでになった方で構成されたのでしょうか、それではとても足りなくて、「どうしたらいいかわからない」（と言った所長がいた）というのは、少年審判所の方がいらっしゃらなかったのでしょうか。

柏木　盛岡だったかな、そういうことを言われたのは。ああいう所には少年審判所がなかったでしょ。だから、少年審判所の経験のある家庭裁判所というのは、非常に少ない。

内藤　少年審判所っていくつぐらいあったんですかね。

沼邊　戦前は、控訴院のある場所にあった。それが、戦後増えて支所を入れて一八（か所）になった。

外山　家事部の方は、家事審判所にいた方が続けておやりになったんですね。

市川　私は、大体どういうところを、家庭裁判所の庁舎にあてているかという、その種別を見に行ったわけです。みんな変なところに家庭裁判所の看板が掲げてあるんだね。

外山　従来の庁舎の中にね。

市川　一〇年間は、家裁なんかは廃止した方がいいという意見が所長会同で出ましたね。「あんなもの即刻ぶっつぶした方がいいんだ」と、そういう所長がまだいたんです。

柏木　今はそういうことはあるのでしょうか。

市川　今はもうないね。

森田　そういう空気は、一面、底流にあったんですが、もう一面には、新しい時代だっていうことで、一生懸命（私たちの）講義を聞いて、メモをとっている所長もいた。そういうのと両方あったんじゃないですかね。

外山　現場の実情として、少年審判所からいらっしゃった方と、本来の裁判所からいらっしゃった方との間は、しっくりいっていたんでしょうか。

市川　家事と少年がいずれもうまくできなかったことについて話を聞いたっていうのは、私はあまりありません。

皆川　裁判所の書記官から、調査官になった人がいるんですね。調査官になったけれども、官補なんですね。そうすると、教育大学などを出た若い人が来て、上に座っちゃって。それで、今更、官になるために勉強しなきゃならない。そういう試験（調査官採用試験）がなくて、法律だけの試験で官になる方法はないかと（言っていた）。先ほどの官補の人は官になってもう四〇過ぎぐらいの年齢になるわけですよね。それが、二〇代の若い人が上に来るんでね、その間はどうもうまくいかない。

宇田川潤四郎の情熱

三淵　家庭裁判所草創期の情熱というのは、宇田川さんが、家裁関係の人に吹き込んだと思いますね。私なんか家庭局で、神田川の水みたいなところがありましたけど、少年にかける情熱というのは、家裁の天職というようなもの。こっちの人も受け止めたし、現場の方々に理念があって。

森田　それほど、全然関心のない人を動かすモーションなんです。騙されたことになるかもしれないけど。

三淵　たとえば、調査官の地位についても、はじめの相手はすごかったですもんね。非常に高い特別職のような考えを持っていらして。

市川　いつかは非常に地位の高い者になるんだという考えがあるでしょう。それを抑えるのに、我々は苦労した。

三淵　でも、はじめは、宇田川さんも実際にそういう（特別職の）ようなポストを作ろうとして、努力なさったわけですよね。結局、それは容れられなかったわけですけど。

市川　一番難しいですよね。それは、事務官、書記官との対等上ね。

外山　そういう点では、家庭局の初期というのは、宇田川さん、市川さん、内藤（文質）さんなんていい組み合わせでね、うまいことできているんで。明日を生きるような宇田川さんと……。

三淵　手綱を取って、裁判所の中を続けて行くような市川さんとか、内藤さんとかね。事務総局の中では、宇田川さんを理解する人は本当に少なかったと思いますから、最高裁の中では、宇田川さんが初代の局長であったということが、マイナスの面もなかったとはいえないけれど、家庭裁判所から見れば、徹底的にプラスですね。家裁の現場を見て、調査官制度に対して、非常に地位を高くしなければいけないということを考えられたんだから、やっぱり、宇田川さんの発想は正しかったと思うんですよね。家庭局がもっと早くそれを容れるべきだったと思いますね。

市川　それは、やっぱり壁が厚いですよ。

三淵　そうでしたね。私は、宇田川さんが、一生懸命特別職にしようとしてダメだと、がっかりしていたことを見ていましたからね、本当に。

調査官制度誕生の経過

外山　調査官制度が整備されて参りますね。家事調査官というものが誕生するわけですが、その時のご苦心というのをおっしゃっていただけますか。

市川　ここ（家庭裁判月報一一巻

一号の「家庭裁判所創設当時の思い出」）に「四十八粒の種子」として、僕が書いたそれに尽きますよ。それを見ていただければ、大体、おわかりいただけると思います。

森田　最初は、「少年保護司」という少年審判所時代の名前で、家事部もそのまま家事保護司じゃなく家事調査官になる前に法務省から異議が出て、民間の保護観察をする保護司と紛らわしいというので、現場の人の意見も聞いたことがあるんですね。それから、「調査官」になって、そして、今度家事の方にも置くべきだということがあって、今の話につながるんですね。

外山　そうでしたね。少年保護司の期間というのは、一年数か月あったわけですね。その時は、少年保護司の方は、少年保護司という名前で家裁に相当少年調査官として入って参りましたか。

森田　その審判所から来た人もいますけど、新たに協力会とか、あるいは、満洲に限らず、引き揚げてきた人とかいろいろいました。

外山　ものすごい人たちが入ってきたのは、いつ頃ですか。首席調査官制度ができた時ですか。

沼邊　上席少年調査官です。それで、かなりの人を採ったんです。

外山　上席調査官の始まりでしたかね。

内藤　記録には二五（一九五〇）年五月一四日と書いてあります。

外山　調査官制度になってから、まず上席ができたんですね。その上席調査官に満洲帰り等のご歴々が相当たくさんおられたわけですね。

森田　京都、大阪、東京とか、その要所要所はね。とにかく検事正クラスという言葉を盛んに宇田川さんは言われたんですね。

内藤　手持ちの年表によりますと、昭和二九（一九五四）年六月一日ですか、家事調査官と少年調査官とを統合して、家庭裁判所調査官制度を検討する。首席家庭裁判所調査官を設立した。

市川　首席は、その時からですかね。みんなが身につけて本当にできるようになるための教育というのは、私は大変だったと思いますね。だから、はじめのうちは不満が多かったでしょう。ひどいところになると、教官だけしかやらせなかったところがあったりして。

三淵　調停委員との間がすごく険悪でした。

外山　それと、家事調査官にいかに働いてもらうかということの考え方は、我々自身がだんだんと変わってきたというところがあるんだと思いますね。調査官は、少年関係ではいるのが当たり前みたいに思われていて、他方で家事調査官は、「何だ、この者は。一体何するんだ」という声が全般ではずいぶん聞かれましたね。

三淵　そうだったですね。その時の（調査官）試験は法律問題だけでした。憲法から民法。だから、はじめの頃は、本当に法律ができなければ入れないような試験でございましたね。だから、大体女性の調査官でも初期の頃は、法律を勉強した人が割合と多かったんです。

外山　家事調査官に対する考え方が、当時は、我々自身が、今日のような考えまでには、なかなか思い至っていない部分があったんじゃないでしょうか。

三淵　だからこそ、家事調査官は一生懸命勉強して、家事調査官というものを作ってきたように思いますね。

独立庁舎探しの苦労

外山　家庭裁判所ができた時に専任所長を置いたのは、八つぐらいでしたか。あれは、何を基準にしたものでしょうか。

市川　それは、やっぱり庁舎ね。一つは高裁所在地。それから、あとは、独立の庁舎を置けるところということを一つの目安にしたんです。

外山　庁舎が持てたところをそうしたわけですか。その頃は、ずいぶん予算が豊富にあったんで、家裁の独立庁舎の敷地を、経理局あたりで確保したというふうに聞いておりますけど。

市川　ずいぶん一等地に等しいようなところを、経理局は買って持っていたんですよ。それが、だんだん時期が経つうちになくなっちゃった。

皆川　家庭局の局課長も地方に敷地を見て回って歩いた。四月までに予算を使ってしまわないといかんと、それで、まず土地を買うというんで、市川先生と新潟へ行ったんです。

市川　結局、経理局が建てよう建てようと、押さえちゃったから。それと、そういうところに独立庁舎を建てると、人を多くしたり、所長を配置しないとならんという問題が出てくるんですね。だから、最高裁判所当局としては、ぱっとそれだけのものを作るわけにはいかない。だから、もう非常に苦労があったわけですね。我々としては、できるだけ庁舎を早く建ててもらいたいと、こういう希望を持っていたけれどもなかなかそうはいかなかった。

三淵　最高裁が戦後たくさんの土地を買えたというのは、家裁が設立してすぐという名目で予算がついたんですね。あれで、ずいぶん地裁だとかほかの裁判所の敷地は、潤ったわけですからね。だから、家裁様々でなきゃいけないわけですよね。一等地を、大変な土地なんですよ。

外山　土地問題（だけ）じゃなしに人員もそうですね。裁判官の定員なんかもね。

皆川　地方を回っていくと、みんな家庭裁判所の予算で新しいのを買うと地裁の方へいく。それだから、古いものしか残らない。

三淵　特に独立庁でないところは、ひどいらしいですよね。

家事相談への取り組み

外山　家事相談というものが、家裁の家事部では、法制上ない仕事ですが、ウェイトを占めている。はじめからそうだったように思いますが。

市川　はじめは、我々本当は法制化すべきだと案を作ったんですよ。それで、ある限度でそれを示したんです。たとえば、弁護士会の意見とかそういうものを聞くために。そうしたら、弁護士会から猛烈な反対が出て、それで、もう弁護士会の反対があった以上は、とても法制化はできない。そういうことで、涙を呑んだんです。

外山　相談カードというものを作った記憶が私などもありますけれども、あれは、どういうことでしょうね。

市川　あれは、相談というのは受付相談ですから、受付相談の場合でも、そういうカードがあった方が相談者の便利な答えが得られる。そういうことで、東京の相談係の人が主としてやられたんです。

外山　東京家裁から始まったんですか。

市川　東京家裁から始まった。一番はじめからやったのは、東京家裁だったんです。

栗原　あれは、最初は、ＰＲから始まったんですか、それとも自然にお客が来て、事実上始まったというような経緯なんでしょうか。

市川　はじめは、やっぱり家庭裁判所に行けば、たとえば、家事なんかは、書面を出さなくても口頭でできるというのがありましたね。「何も書面を出さなくても、家庭裁判所に行って事情を話せば、書記官なり係の人が、あなたの言うことをちゃんと聞いて、そして、書面にしてくれますよ」。これが、非常に効きすぎて、それで検討したんですよ。その中には書面を出さなければならんのもあるし、相談でその分はいいと。やっぱり受付相談ということで、やるほかないんじゃないかということで、それで始まったんです。

三淵　私、家庭局にいたのは割合と短いのですけどね、（昭和二四年一月から）八月までで、さっき申し上げたように、その間に宇田川さんが家事相談、家事相談と言っていました。それで、京都へお供して京都の有名な家裁の方のご意見を聞いたりして、是非そのPRもあるし、それから、庶民の中に家裁が浸透していくためには、新しい民法の普及のためにも、家裁へ行って相談をすればいいということを、やろうやろうと言うんで、私、宇田川さんの後についてあっちこっちの裁判所へ行って、そういう現場の意見を聞き、宇田川さんが、その意見を言っていらっしゃったわけです。おっしゃるように、その口頭受付が一つの道になるわけですね。だから、はじめから、宇田川さんは、家事相談ということを言っていらっしゃいました。あんな隅々の家裁まで家事相談をやるということは、やっぱり家庭局の方針だったからだと思いますね。どんなところでも家事相談というのはやっていたんですから。

外山　家庭裁判所の相談というそのものをPRしたというよりは、家庭裁判所制度のPRのために、家庭のもめごと、困ったことがあったら、家庭裁判所においでなさいと、こういうPRをしたんですね。それが、相談になった表れなんですね。それから、当時、民法が変わったばっかりだし、相続問題が変わったりして、いろいろ一般民衆もわからないことが多いもんだから、そういうことと相まって、相談という形で表れたんだろうと思いますね。相談、相談という言葉は、一人歩きしたんじゃないと思いますよ。

家裁出張所の設置

外山　それから、家庭裁判所の出張所が徐々に増えて参りましたね。今いくつでございますか。予算化が認められた後とは違いますか。いきなりたくさん作りましたかね。

栗原　出張所は、三四か所で始まったようですね。

外山　それで、現在はいくつあるんですか。

栗原　九六です（昭和五七〔一九八二〕年当時）。

外山　出張所というものができたのは、やっぱり現地からの要望なんでしょうね。

市川　ええ、やっぱりその方が便利だからということでね。

外山　裁判所としては、相当手数がかかって大変なんだろうからね。自然と要求から生まれたものなんでしょうね。この頃になると、出張所の整備が問題になっているんじゃなかろうかと想像いたしますけどね。

三淵　私が新潟家裁にいた時、山形の話を新潟で聞いたんですけれども、出張所へ行って、いろいろ相談をしたり、意見をもらったりしても、調査官もいないし、それから、書記官も地裁の人ですね。そういう事件の処理が、それはもう困った結果になってしまっているんですね。当事者側の訴えを聞くと、本当に地裁的な感覚で全部書記官が相談を受けて、事件を処理しているから、ちゃんと家裁の人員を配置しなければいけないなということをずいぶん。所長会同では、よくその支部の甲号支部、乙号支部に出張してくれというような話を出したことがあるんですけれども。横浜なんかだって、出張所事件の方が簡裁事件よりずっと多いんですよね。

沼邊　横浜は、相模原ですね。

三淵　相模原は、簡裁の事件は全然少ないけれども、家裁の事件なんか多いんですから。

外山　私の記憶では、出張所ができる時には、出張所には内部の人的な手当というものは一切しない前提で承認するということでしたから、いつまで経ってもその前提が生きているんですよね。

三淵　だから、十日町だって、庁舎を新築し直す時だって、あそこでも出張所の事件の方が簡裁の事件より多いんですけども、その判事の椅子から何から全部家裁で、何とか捻出しないといけないし、部屋だって取ってくれない。実際には、その地方の事件を見てくだされば、出張所の方が簡裁より多いんですけどね。ああいうのは、本当に家裁としては、もうちょっと出張所を何とか、家裁らしい予算を取って、変えたっていいじゃないですかね。実績で事件数が多ければ、と思いますけどね。

「横書き」文書の導入

外山　それから、書類が横書きになった理由が一番わからないのですが。

皆川　ええ、横書きは汚れないというようないろんな意見があって、縦書きと比較すると横書きの方がいいという結論が出たんです。

柏木　私は、そういう実務のことは、全然知らない。普通の裁判所の地裁はどうなんですか。

外山　縦書きです。裁判所の作成する文書で横書きなのは、家裁だけじゃないでしょうかね。よその官庁じゃ横書きが多くなっています。

沼邊　行政官庁はそうなんです。

外山　そういう意味でも宇田川さんは、裁判所の中では異端視された。家裁の記録の横書きというのは、ほかの官庁よりもいくらか先駆けていたんじゃないでしょうかね。

沼邊　とにかく一番早いですからね。

少年法の年齢引き上げと児童福祉法との調整

外山　少年の適用年齢の引き上げ、児童福祉法との関係の調整などで、内藤先生、森田先生の印象深いことがおありになりましたら、いかがですか。

内藤　とにかく、発足当初は、二年間どうすることもできなかったわけですね、年齢の引き上げは。それについては、いろいろ長かったようです。

外山　一番の引き上げの障害というか、反対論というんですか、できなかった理由などありますか。

内藤　それは、犯罪者更生法が完全にできてから、年齢の引き上げができたわけです。

外山　そのことそれ自体が、少年法の適用を二〇歳までにすることに対する反対とか抵抗ということでしょうか。

内藤　私の記憶ですが、要するに、今まで少年保護に携わっていた人が、二〇歳にしなきゃいかんという考え方が強かったわけです。言い合えば、今の法務省側の意見が強かったので、立法の時には、むしろ、GHQの押しつけのようなことを言う人もありますけども、そんなことはないです。

森田　私が第三課長当時に、法務省の少年院長会同に出ましたら、あの当時は、少年法改正で相当揉めていた頃でございますが、法務省のご機嫌取りのために、ある院長が、この院長会同で、年齢を一八歳に引き下げるというように決議しようじゃないかという提案をしたんですよ。そうしたら、大きな浪速の少年院長だとか、古い先輩の院長さん方が、「自分たちの先輩が一八歳から二〇歳に引き上げたのに、何をこの時代に一八歳に引き下げるんだ」と言って、猛烈に反対されましたね。つまり、そういう意見が一部にありましたが、多くの院長さん方が、真っ向から反対されましたね。

内藤　あれは、本当に少年法の実務から出てきた年齢です。

外山　実務家の意見ですね。

森田　児童福祉法の調整という点では、感化法、少年教護法の線につながる旧内務省のもの（旧少年教護法）と、司法省がやっていた大正一二（一九二三）年に発足した少年法との二本立てだということが、多年の問題だったんですね。初期には、論争があったわけですけど。学問的にも実務的にも。それをGHQの下で、やはり一本化すべきだという意見は、実務家の中にもずいぶんあった。とところが、GHQのセクションが違うのです。GHQもセクショナリズムで、当時の責任者はいろいろ悩まされたこともあると思いますけど、つまり、厚生省の所管に入っていましたから、児童福祉法が一年先にできちゃったわけですね。児童福祉法の中へ旧少年教護法の系統が入っちゃった。そこで、何とか調整して、予定より一年少年法の立法が遅れたわけですよね。そこで、調整の規定は現行法に若干ながら持続しようと、少年法にあるんだけれども、十分な橋渡しにはなっていないんですね。そこで、今度は現場の実務の話になるけど、やっぱり、家庭裁判所が非行司法機能と当時ケースワーク機能とかいった、そういう両方をふまえて、少なくとも非行、不良行為をする、あるいは、家庭に問題のある人については、片や司法といいますか、社会の治安維持、片や教育、児童福祉法の系統、その間でコンダクター役をすべきだということで、児童相談所と絶えず会合したり、研究会を持ったりしていましたね。そういうことで、法律的には十分でない調整を現実のケースの上でやろうということは、各地の事務局では東京家裁がずいぶん熱心だったと思うんですね。問題は、それが何だかだんだん力弱くなってきて、家裁もコンダクターじゃなくて、一つのバイオリンかなんか弾くようになってきた。だから、児童福祉法が先にできちゃったんで、調整の問題は立法の当初からあったわけです。

外山　そうすると、完全なる調整を使うことが先にできちゃって、やや中途半端な形で法制上は、現在に至っているということですね。

内藤　GHQの中では、ゼネラルセクションの方が強いわけですよね。それだから、どうしても少年法の中には、あれとダブる保護処分を入れてはいかんというのがあった。

外山　家庭裁判所がコンダクター的な役を担うというのは、家庭裁判所の方の意識で、ほかがそう思っているかどうか。

森田　いや、当初は、主観的なことまでは知らないけれど、いろいろ会合したりなんかするには、やっぱり家裁が中心でしたよ。これは、大きなところは、地域によると思いますけど。そういうふうに自然と見ていたんじゃないかと思います。それから、一つの証拠にもなるのは、実務とはちょっと離れた実務家を中心に、国民から意見が出て、児童憲章制定の時に、家庭局長が当時宇田川さんだと思いますが、昭和二五年でしょ。児童憲章の最後の決というのか、司会役は家庭局長だったんです。

外山　児童憲章の何をですか。

森田　児童憲章を制定する時は、福祉とかいろんな方面がみんな入る。労働省も入れば司法関係も。誰をそこのコンダクターにするのか。そこでは、司会とか議長のようなまとめ役、官もあれば民もある。

外山　宇田川さんがなさったんですか。

森田　少なくとも家庭局長がやるという。それが、現場では両方にまたがる、児童福祉法と教育とか、司法的な面との中間にあるのは、正に家庭裁判所です。ほかの人がコンダクターと思ってくれたかどうかまでは知りませんけど、自然とそういうふうな動きをしていたことは、全国全部じゃないにしても、高裁直下とか主なところでは、そういう意識で家裁もいたし、少なくとも児童相談所なんかはそういう言葉が通用したんです。

外山　家裁がコンダクター的な役割をするというのは、実力からきている部分もなくはないというか、だんだん家裁がすべての少年関係のコンダクターだというふうには、前ほど受け入れられていないんじゃないかと思うんですが、いかがでございましょうか。

森田　それは、もう大いにそうだと思います。むしろ警察なんかがどんどん実力を持って。

内藤　歴史的な点があるから。青

少年問題協議会というのがありましたが、これもやっぱり家庭局がある程度牛耳っていた。児童福祉法の制定の時も、その当時、宇田川局長のご性格からもあるんですけども、非常に行政的な面が活発だった。それが、結局、一つの異端者として、やっぱり裁判所じゃちょっと受け入れられない点がたくさんあった。

医務室の設置

外山　最後に医務室のことをおうかがいしたいんですが、医務室が最初にできたのは、家裁の開設と同時ですか、少しずれましたか。

市川　少しずれていますね。昭和二五年から十数庁認めてもらったと思いますが。

外山　予算の上ですね。

山田　二六（一九五一）年でございますね。

市川　それじゃ二五年度の予算かな。二五年から要求したんです。二五年は認めてもらえなかったかな。二六年度からようやく認めてもらった。

外山　ああいうものがありましたね。何か脳波の器械なんていうのが入ってね。

市川　はじめは、少年の関係で必要になってきた。少年の方は、少年鑑別所というのがあって、「そんなもの備え付けてやるなどどうにもならん、それはダメだ」と。何とかしなきゃならんなと思っている時に、精神病者監護法が廃止になって、精神衛生法が厚生省から出たんです。これでは補強されないので、私は、その精神衛生法の中に、「精神病院に入れるときには、家庭裁判所の許可を受けろ」という一項を入れることを強く要求した。最後に、家庭裁判所は、そういう機関を整備すれば、認めてもらえるかもしれないということで、早速大蔵省に要求しておいたら、「ひとつあなたの方でもバックアップしてくれ」と言われ、「それじゃできるだけの協力はしますけれども、その代わり、今度の法案は原案通りとしてください」と言ったら、通してくれた。それで、予算の時に、「こういう経緯で家庭裁判所としては、将来全家庭裁判所に医務室が整備できたら、そこに精神科の担当のお医者さんを置いて、そこで精神病院に入れるべきかどうか判定を下すようにするから、是非、ひとつ認めてくれ」。これ、はじめ二〇庁かそこら要求したんでしょうね。ところが、そのうちの一一庁だけ予算がついた。それから、毎年一〇庁ずつ増えているわけです。

外山　今は、どうですか、全庁について入っているところはある。

市川　本庁は全部ついてます。

山田　本庁全部と十大支部ですね。

外山　それは、人件費みたいなものですか。看護婦さんとか。

山田　はい、お医者さんと看護婦さんです。

市川　ルールは何もないんですよ。ルールができたのは、ずっと後からだもんね。

外山　理想は非常にいいんですが、はたしてどれだけ家裁の医務室が活用されているかというのは、あまり進歩していない気がしますけど。

市川　あまり活用されていないようですね。

三淵　東京家裁では、ずいぶん家事部が使っています。

沼邉　使っていますよ。精神科医の場合は、そろっていますから。

三淵　本当に精神科のお医者さんがいらっしゃるといいですね、家裁としては。

❀

外山　それでは、うかがいたいことはまだあるのですが、時間が参りました。本日は、家庭裁判所創設と初期の運営に関わった方々の貴重なお話をうかがうことができました。どうもありがとうございました。

栗原　本当にどうもありがとうございました。

〔解説〕

昭和57（1982）年の座談会について

奥山興悦
（弁護士、元東京高等裁判所裁判官〔部総括〕）

座談会を企画した経緯

昭和五二（一九七七）年に長年にわたる少年法改正問題が決着した後、最高裁の家庭局は内外の懸案に取り組んできたが、昭和五七（一九八二）年の一二月、その仕上げともいうべき家裁調査官の指導監督体制の法的整備作業が完成（首席家裁調査官等に関する規則の制定）したので、これを機会に家庭局の草創当時のOBの方々に集まっていただいて、昭和二四（一九四九）年の家庭裁判所発足当時の思い出や内幕などについて語っていただくことを企画した。

なお、座談会に出席した三淵嘉子さんは、この翌年春に体調を崩して入院し、次の年の昭和五九（一九八四）年五月に逝去された。したがって、三淵さんにとってはこの座談会が最後の家庭局OB会となった。

全体としての感想

この座談会記録を読んで、昭和二三（一九四八）年、二四年という戦後の食糧・物資不足や、帝銀事件・昭和電工事件などで物情騒然としていた時代に、新憲法の理念に基づいて家庭裁判所を設立するという理想に燃えて、草創期の家庭局関係者らが筆舌に尽くしがたい苦労をされたことを具体的に知ることができ、あらためて深い感動を覚えた。

私の記憶によれば、座談会は司会役の外山四郎さんが上手に話題を引き出し、三淵さんの笑顔とふくよかな声のおかげで、笑い声が絶えず、終始和やかな雰囲気に包まれ、予定時間があっという間に経過した。

家庭裁判所の創設当時、その中心的な役割を果たした市川四郎さんの記憶力は抜群だった。昭和三四（一九五九）年の市川さんの回想録（「家庭裁判所創設当時の思い出」家庭裁判月報一一巻一号。以下、「市川回想録」という）以外のことについても、次々と思い出し、それが極めて正確であるため、他の出席者の発言や意見とうまく絡み合って進行してゆくのに感心した。

以下、座談会での主な話題について簡単に解説する。なお、家裁の歴史について具体的で大変わかりやすい作品として、清永聡『家庭裁判所物語』（日本評論社、二〇一八年）がある。

家庭裁判所が誕生するまでの経緯とGHQの関与など

家庭裁判所は、戦後間もない昭和二四年一月一日に創設された新しい司法組織である。それまでは、少年事件は行政機関である少年審判所で取り扱われ、家事事件は司法機関である家事審判所（地方裁判所の支部）で処理されていた。これを統合して新たに一つの裁判所を創設しようとすると、両者の間からそれぞれ反対する声が上がり、意思統一を図るのは容易ではなかった。加えて、当時日本は太平洋戦争の敗北により、GHQ（連合国軍最高司令官総司令部）の支配下にあったため、制度面でも予算面でもその意向に大きく左右されたのはやむを得ない。

当時の貴重な内輪話などがいろいろ紹介されており、興味深い。

家庭裁判所発足と最高裁判所家庭局の誕生

「市川回想録」によれば、市川さんが東京家事審判所から最高裁の事務局に入ったのは昭和二三年一一月で、家庭裁判所の設立に関する事務は総務部（後の総務局）で扱っていたので、総務部付となった。その頃は、家事審判所と少年審判所を統合して家庭裁判所を作るという構想はすでに決定していた。同年一一月末近くになって、ようやく翌年の二四年一月に家庭裁判所創設の公算が強くなったので、一二月一日に最高裁は家裁設立準備室を開設した。

これより先、同年九月には、全国の地方裁判所に「家庭裁判所設立準備委員会」を設けることとする最高裁規則が制定され、各地元で、裁判所、検察庁、弁護士会、地元有識者をメンバーとして準備が開始された。

しかし、肝心の予算上の手当てや裁判官・職員らの確保などについてはその後最高裁から何らの指示もなく、全国各地ではまさに手探りの状態だった。秘書課長の内藤頼博さん以外に、日本では米国の家庭裁判所を実際に見た人はいなかったからである。

したがって、最高裁の家裁設立準備室の主な仕事は、予算を確保することと、家事・少年事件の処理に必要な法令集や基本的な手引書・資料を作成して、これを全国に配ることであった。わずか一か月後の発足を控えて、仕事は山ほどあったに違いない。

急きょ一二月中に開催することになった高等裁判所長官会同の準備（会同後、計八名の長官が自分の任地管内に持ち帰る資料の作成など）もしなければならない。当時、情報の伝達は容易ではなかったからである。

もちろん現在のような便利な事務機器やコピー機もない。年の瀬の冷えこんだ室内には暖房器具といっても火鉢しかない。おそらく、他の官庁や民間企業も同じような状況だったであろう。

「市川回想録」によれば、昭和二三年一二月中の設立準備室は、全員が仕事のために、日曜、祭日、正月休みを返上して連日集まり、朝から毎晩九時頃まで、夜間は安ウイスキーで暖をとりながら文字どおり不眠不休の状態で仕事をしたという。そのエネルギーには脱帽するしかない。

それだけに、昭和二三年一二月一一日に追加予算で家庭裁判所開設のための費用として、GHQの尽力により要求どおりの一億一千万円が計上された時の衝撃と喜びとはいかばかりであったか。巨額の予算がついたことは、当時の最高裁を驚かせただけでなく、設立準備室全員を大いに奮い立たせたに違いない。翌年の一月一日に新しい家庭裁判所が発足するとの新聞発表が行われたのは、そのわずか一〇日前の一二月二〇日であった。準備室の仕事は休みなく続き、終わったのは発足前日の大晦日だったという。驚くほかはない。

最高裁家庭局の組織と雰囲気 および宇田川初代家庭局長など

座談会に出てくる家庭局の部屋は赤レンガの旧最高裁庁舎の五階で、霞が関にある現在の東京高裁・地裁の建物の場所にあった。私は昭和四七（一九七二）年に家庭局付となり、四九（一九七四）年に隼町の最高裁新庁舎に移転するまでの二年間をこの旧庁舎で過ごしたので、雰囲気はよく覚えている。

準備室時代と違って、各課に部屋があり、会議室もあった。

家庭局は、設立準備室のメンバーを中心として、計三〇人足らずだったが、若い職員が多く自由な雰囲気で議論していたという。

私の局付時代も、同じ部屋に職員らと机を並べ、お互い自由に議論し合いながら仕事をした。家庭局長は裾分一立さん、第三課長は菊池信男さん。少年法改正問題が係属していたので、月一回行われた法制審議会少年法部会の終了後に三淵さんや糟谷さんらの委員幹事を三課の部屋に招いて、ビール樽を持ち込んで慰労会をやったこともある。三淵さんは明るく陽気に振る舞い、皆を笑わせて、その場の雰囲気を和ませた。仕事で毎晩帰りは遅く大変だったが、変化に富んでいて、楽しかった。

初代家庭局長の宇田川さんは、旧満洲から引き揚げた熱血漢で、京都少年審判所長として活躍していたのを当時の内藤頼博さんが注目し、スカウトしたといわれている。

理想に燃え、新しい裁判所を創立するという情熱にあふれ、政治的な手腕もあった。その局長を補佐して、最高裁事務総局内を説得し、全国に家庭裁判所という新組織を作るための重要な仕事をする第一課長としては、調整能力と執務能力の高い市川さんが適任だった。

三淵（旧姓和田）さんは、昭和二三年から最高裁民事部に配属され、家事審判法の制定作業に従事していたが、家裁設立準備室時代から関与し、家庭局発足時は家事担当の初代局付となった。そして、翌年の昭和二五（一九五〇）年にほかの二名とともに最高裁からアメリカに派遣され、ニューヨークの家庭裁判所や関係機関を見学したほか、ワシントン、シカゴ、ロサンゼルスなどを視察した。これらの体験を活かし、三淵さんは後年、家庭裁判所、特に少年事件に情熱を傾けて取り組み、家庭裁判所の発展に偉大な功績を残した。

全国の家庭裁判所と家裁調査官の誕生など

昭和二四年一月から家庭裁判所は制度的には発足したものの、現場がどうなっているかを知るために、家庭局の課長、局付や職員らは手分けして、各地を訪問した。各地によって様相が異なり、その時の珍しいエピソードが語られている。

出席者の柏木さんは刑事訴訟法の改正作業にも従事していたので、あわせて地方裁判所で新刑事訴訟法の説明をしていたことを知って感心した。

発足時の家庭裁判所の実態は、庁舎はむろん、組織面でも事件処理態勢の面でも貧弱であったことが具体的に語られている。

家庭裁判所長会同でも一〇年間は、家裁廃止論が堂々と述べられていたという市川さんの発言に驚いた。従来の司法官のイメージから抜け出せない裁判官が少なくなかったということであろう。裁判所書記官、家裁調査官、調停委員との間でもしっくりいかない事例が紹介された。

新しい組織作りは、定着するまで相当の時間を要したことがわかる。

座談会では触れていないが、東京家裁の家事部の庁舎が昭和二四年四月に落成式を迎えるのを記念して、家庭局では全国に家裁創設記念週間を設け、PR活動を始めた。しかし、裁判所が自らのPRをするのは前例がないので、民間の活力によって、家裁を国民の裁判所としてPRすることを企画し、「家庭裁判所普及会」を立ち上げた。同年三月に最高裁の会議室に弁護士会長、調停委員代表、日本新聞協会会長、百貨店組合理事長、東京商工会議所副会頭、日本放送協会会長ら合計四〇名の民間代表者を招き、家裁の創設の意義と国民への普及活動のあり方について協議した。出席者は家裁の普及啓蒙活動が急務だとして協力を約束。予算不足のため第一回だけで終了したが、その効果は大きかった。

アイデアマンの宇田川局長は、家裁創設記念週間に合わせて、ポスターを作ろうと企画し、その標語を「家庭に光を　少年に愛を」と決めて、著名な写真家の富安達雄に制作を依頼した。ポスターのモデルとして当時芸能界に顔の広い内藤頼博さんが新劇の水谷八重子（初代）に直接依頼し、新橋演舞場で洋装の彼女が子役の少年と向き合って家庭裁判所の案内文を読んでいる場面を撮影し作成した。ところが、GHQから、標語と画面が一致しないとして変更を求められ、やむなく、標語を「まァこれで安心！　あなたもわたしも…」と改めた。物資不足の中、家裁普及会のメンバーのおかげで貴重なポスター用紙一〇万枚を入手していたからである。

ポスターの評判は相半ばで、「まるで証券会社の勧誘みたいだ」という批評を聞いた市川さんは「思い出しても冷や汗が出てくる」と回想録に書いている。この座談会の翌年頃、私は家裁創設三五周年を記念するテレビ番組に出演し、このポスターを見せたところ、スタジオから驚きの声が上がった。水谷八重子の顔を初めて見たという若い世代も含めて、ポスターはレトロで素晴らしいというのである。

家裁調査官は、少年事件については、少年審判所時代の少年保護司出身者が多かったので、何とか間に合わせたが、家事事件の調査を担当する者がいなかったため、家庭局は昭和二五年に予算要求をして、四八名の事務官が認められた。これについては、座談会中の「四十八粒の種子」（「市川回想録」）がすべてを言い尽くしている。市川さんは名エッセイストでもあることが分かる。

昭和二九（一九五四）年に家事、少年の調査官を統合して、家庭裁判所調査官が誕生したが、家庭裁判所の科学的性格（宇田川家庭局長の命名による）を代表する彼らを専門的に養成、教育する機関がないので、昭和三二（一九五七）年に最高裁は従来の司法研修所と裁判所書記官研修所とは別に家庭裁判所調査官研修所を設立した。初代研修所長には宇田川局長の強い要望により内藤頼博さんが就任した。後年、私は一三代目の所長となった。

なお、家裁発足時、宇田川局長は新聞、ラジオで調査官の求人募集をしたため、全国の家裁には、大学教授、元校長、銀行支店長、上場企業の課長などの人材が名乗りを上げ、満洲帰りの大物もいたという。

そのほかの諸問題

座談会では、このほかに、当初想定外だった家事相談の激増、家裁の出張所の問題、医務室の設置の必要性などについても語られたほか、ほかの官庁に先駆けて実施された家庭裁判所の文書の横書きや、少年法の適用年齢の引き上げと児童福祉法との調整問題、児童福祉機関等との連携における家裁の役割についても論じられ、現在の家庭裁判所の抱える諸問題の根源は、発足当時から存在していたことを知り、あらためて家裁草創期に活躍された先輩の方々の苦労に頭が下がる思いである。

三淵嘉子略年譜

大正 三(一九一四)年	一一月一三日	シンガポール市で生まれる。
大正 五(一九一六)年		父・武藤貞雄渡米のため四国丸亀に移る。
大正 九(一九一八)年		父・貞雄帰国。東京渋谷区に住む。渋谷区穏田の早蕨幼稚園に入園。
大正一〇(一九一九)年	四月	青山師範学校附属小学校に入学。
大正一五(一九二六)年		渋谷区緑ヶ丘に移る。
昭和 二(一九二七)年	四月	東京女子高等師範学校附属高等女学校入学。
昭和 四(一九二九)年		麻布区笄町一五(笄小学校前)年に移る。二年後、同町四三番地に移る。
昭和 七(一九三二)年	四月	明治大学専門部女子部法科入学。
昭和一〇(一九三五)年	三月	明治大学専門部女子部法科卒業。
昭和一〇(一九三五)年	四月	明治大学法学部入学。
昭和一三(一九三八)年	三月	明治大学法学部卒業。
昭和一三(一九三八)年	一一月	高等試験司法科合格。
昭和一五(一九四〇)年		明治大学専門部女子部法科助手。
昭和一五(一九四〇)年	七月 一日	第二東京弁護士会に弁護士登録。●初の女性弁護士
昭和一六(一九四一)年	一一月 五日	和田芳夫と結婚。池袋に住む。
昭和一八(一九四三)年	一月 一日	一子・芳武生まれる。麻布区笄町の両親の家に住む。
昭和一九(一九四四)年	二月	家居強制疎開のため赤坂区高樹町に移る。
昭和一九(一九四四)年	六月	夫・芳夫召集に応じるも解除。
昭和一九(一九四四)年	八月 七日	明治女子専門学校助教授。
昭和二〇(一九四五)年	一月	夫・芳夫出征。
昭和二〇(一九四五)年	三月	福島県坂下町に疎開。
昭和二〇(一九四五)年	五月	高樹町被災。父母川崎市に移る。
昭和二一(一九四六)年	五月二三日	夫・芳夫長崎にて戦病死。
昭和二一(一九四六)年	一一月 七日	明治女子専門学校教授。
昭和二二(一九四七)年	一月一九日	母・ノブ他界。

年月日	事項
昭和二二(一九四七)年 三月	司法省人事課に「裁判官採用願」を提出。
昭和二二(一九四七)年 六月	司法省嘱託。司法省民事部民法調査室に配属。
昭和二二(一九四七)年一〇月二八日	父・貞雄他界。
昭和二三(一九四八)年 一月	最高裁判所事務総局家庭局兼民事局事務官。
昭和二四(一九四九)年 八月	東京地方裁判所判事補(民事六部)。
昭和二五(一九五〇)年 五月	アメリカの家庭裁判所制度視察。
昭和二五(一九五〇)年	日本婦人法律家協会設立(副会長)。
昭和二六(一九五一)年 四月 一日	明治大学短期大学兼任教授。
昭和二七(一九五二)年一二月	名古屋地方裁判所判事。●初の女性判事
昭和三一(一九五六)年 五月	東京地方裁判所判事。
昭和三一(一九五六)年 八月	三淵乾太郎と再婚。目黒の官舎に住む。
昭和三七(一九六二)年一二月	東京家庭裁判所判事兼東京地方裁判所判事。
昭和三八(一九六三)年 四月	東京家庭裁判所判事(少年審判部九部)。
昭和四〇(一九六五)年 四月 一日	明治大学短期大学講師。
昭和四五(一九七〇)年 七月	法制審議会少年法部会委員。
昭和四七(一九七二)年 六月	新潟家庭裁判所長。●初の女性裁判所長
昭和四八(一九七三)年一一月	浦和家庭裁判所長。
昭和五三(一九七八)年 一月	横浜家庭裁判所長。
昭和五三(一九七八)年 二月	総理府婦人問題企画推進会議委員。
昭和五四(一九七九)年 二月	法制審議会民法部会委員。
昭和五四(一九七九)年 六月	日本婦人法律家協会会長。
昭和五四(一九七九)年一一月	退官。
昭和五四(一九七九)年一二月	労働省男女平等問題専門家会議座長。
昭和五五(一九八〇)年 一月	東京家庭裁判所調停委員兼参与員。第二東京弁護士会に弁護士登録。
昭和五五(一九八〇)年 五月	東京少年友の会常任理事。
昭和五六(一九八一)年一〇月	社団法人農山漁家生活改善研究会理事。
昭和五七(一九八二)年 八月	東京都人事委員会委員。
昭和五八(一九八三)年 七月	労働省婦人少年問題審議会委員。
昭和五九(一九八四)年 五月二八日	他界。同日付をもって正三位勲二等に叙され瑞宝章を授けられる。

写真:三淵邸・甘柑荘保存会提供

［執筆者紹介］

清永 聡（きよなが・さとし）
NHK解説委員

武藤 泰夫（むとう・やすお）
三淵嘉子実弟

鈴木 經夫（すずき・つねお）
弁護士、元浦和家庭裁判所裁判官（部総括）

若林 昌子（わかばやし・まさこ）
元福岡家庭裁判所長

荒井 史男（あらい・ふみお）
弁護士、元名古屋高等裁判所長官

佐賀 千恵美（さが・ちえみ）
弁護士、元検察官

奥山 興悦（おくやま・こうえつ）
弁護士、元東京高等裁判所裁判官（部総括）

［第４部座談会出席者］昭和57（1982）年12月12日

市川 四郎（いちかわ・しろう）
元東京高等裁判所長官

沼邊 愛一（ぬまべ・あいいち）
当時広島高等裁判所長官

三淵 嘉子（みぶち・よしこ）
元横浜家庭裁判所長

柏木 千秋（かしわぎ・ちあき）
当時名古屋大学教授

内藤 文質（ないとう・ぶんしち）
当時弁護士・東洋大学教授

外山 四郎（とやま・しろう）
元札幌高等裁判所長官

森田 宗一（もりた・そういち）
元東京家庭裁判所裁判官

皆川 邦彦（みながわ・くにひこ）
元簡易裁判所裁判官

栗原 平八郎（くりはら・へいはちろう）
当時最高裁判所事務総局家庭局長

山田 博（やまだ・ひろし）
当時最高裁判所事務総局家庭局第一課長

奥山 興悦（おくやま・こうえつ）
当時最高裁判所事務総局家庭局第二課長

長谷川 知賢（はせがわ・ちけん）
当時最高裁判所事務総局家庭局第三課長

［編著者紹介］

清永 聡

きよなが　さとし

NHK解説委員。昭和45(1970)年生まれ。社会部記者として司法クラブで最高裁判所などを担当。司法クラブキャップ、社会部副部長などを経て現職。近著に『家庭裁判所物語』(日本評論社、2018年)、『戦犯を救え——BC級「横浜裁判」秘録』(新潮社、2015年)。

三淵嘉子と家庭裁判所

2023年12月20日　第1版第1刷発行

編著者——清永 聡

発行所——株式会社日本評論社
〒170-8474　東京都豊島区南大塚3-12-4
電話　03-3987-8621(販売)　-8592(編集)
FAX　03-3987-8590(販売)　-8596(編集)
https://www.nippyo.co.jp/　振替00100-3-16

印刷所——精文堂印刷株式会社
製本所——株式会社難波製本
装幀・レイアウト—図工ファイブ
装画・挿絵——星野 ちいこ(xii、72、74、76、78、80頁)
撮　影——狩野 剛史(90、94、100頁)

JASRAC　出 2307739-301（29、91頁）
検印省略　
ISBN 978-4-535-52745-4　Printed in Japan